我有 夸客户 1000句

陈守卫 ◎ 著

台海出版社

图书在版编目（CIP）数据

夸客户我有1000句 / 陈守卫著. —— 北京：台海出
版社, 2025. 2. —— ISBN 978-7-5168-4124-2

Ⅰ. F713.3-49

中国国家版本馆CIP数据核字第2025X4L463号

夸客户我有1000句

著　　者：	陈守卫
责任编辑：	魏　敏
封面设计：	天下书装

出版发行：台海出版社

社　　址：北京市东城区景山东街20号　　　邮政编码：100009
电　　话：010-64041652（发行，邮购）
传　　真：010-84045799（总编室）
网　　址：www.taimeng.org.cn/thcbs/default.htm
E – mail：thcbs@126.com

经　　销：全国各地新华书店
印　　刷：三河市双升印务有限公司
本书如有破损、缺页、装订错误，请与本社联系调换

开　　本：710毫米×1000毫米　　　1/16
字　　数：150千字　　　　　　　印　　张：10.5
版　　次：2025年2月第1版　　　印　　次：2025年2月第1次印刷
书　　号：ISBN 978-7-5168-4124-2

定　　价：49.80元

在大大小小的商业活动中，每个人都需要跟各种各样的客户打交道，来实现交易买卖、资源分配、签订协议、巩固人际关系等一系列需求。正所谓"言为心声"，与客户交流的过程中不仅需要一颗赤诚之心，更需要用恰当的语言来表达心声，进而拉近与客户的距离。通过与客户的对话实现自己的商业目标。

在心理学上，有一个著名的"皮格马利翁效应"，该效应表明，当一个人获得另一个人的信任、赞美和期待时，他会获得积极向上的动力，尽力达到对方的期待，因此它也被称为"期待效应"。让客户进入"期待效应"的逻辑，无疑有助于我们达成各项商业目的。如果我们将"夸"这个行为合理地应用在与客户沟通的过程中，那么一定能够取得不错的效果。

同理，人人都渴望荣誉，期待获得他人的认可和欣赏，所以"赞美"也是送给客户的一份礼物。卡耐基在《人性的弱点》一书中指出：每个人的天性都是喜欢被别人赞美的。著名心理学家威廉·詹姆斯也曾指出：人类本性中最深层的渴望就是被别人尊重的渴望。在"商业秘诀"中，研究人性也是重要的出发点，而研究人性的关键在于把握人的内在需求。从人的心理本质来看，获得别人的肯定是人一种内在的本质需求。

赞美客户可以说是一项复杂的语言技能，能够帮助我们运用人性中的"商业秘诀"。运用好这项技能，可以使我们在商业中更加游刃有余。赞美客户，可以改变他们的心境，赢得他们友善的态度，建立良好的人际关系；可以让客户感觉到自己的重要性，增强自信心和购买决心；可以分享彼此的见解，与客户共同成长；可以赢得更多客户的帮助与支持，助力成就自己的梦想……赞美客户不仅是一种礼貌和尊重，更是一种有效的商业策略。夸赞客户不仅是销售和服务客户中的重要技巧，也是一切商业活动所需要的技巧。恰当的夸赞有助于促进成交，还可以增强与客户的合作关系，打开更广阔的合作天空。

但如何高情商地夸赞客户呢？虽然"赞美"看起来很简单，但它其实包罗万象，考验着我们的智慧。商业场景形形色色，客户身份也千差万别，千篇一律的夸赞往往反而抓不住重点，这样也就起不到夸赞应有的积极作用。

本书从心理学的角度出发，立足于探求如何科学地夸赞，利用好这种积极的商业策略，达成我们期待中的合作，巩固商场、职场的人际关系。本书从如何夸人、瞄准夸赞对象、如何夸出重点等角度入手，融入数百种商业及销售的不同场景，针对与客户交往需要应对的各类情形，总结出许多实用而稳妥的夸赞策略。我们既可以通过阅读在脑海中"反复预演"，也可以借鉴其中的技巧"举一反三"，从而做到从容应对客户，用高情商的语言来赢得客户的心。同时，我们以"千句赞"为起点，提供了大量夸赞的"模板"，供每位读者便捷使用。"每一位客户都是一座宝藏，值得我们去深入挖掘和加倍珍惜"，笔者衷心期待本书能陪伴广大职场人一起成长，增强与客户交往的信心，与客户一起见证属于我们的辉煌。

目录 CONTENTS

Part 1 夸客户很简单，首先要会夸人

夸外貌，迅速拉近与客户的距离 …………………… 002

夸穿着，快速增进与客户的关系 …………………… 007

夸动作，细节里的夸赞很感人 …………………… 013

夸感觉，与客户的友谊"猝不及防" …………………017

夸生活，夸出客户的自足感 …………………… 022

Part 2 说好话要瞅准对象，消除沟通障碍

漂亮活跃的顾客，抓住细节夸 …………………… 028

淳厚质朴的顾客，抓住内涵夸 …………………… 032

强势挑剔的顾客，抓住眼光夸 …………………… 036

随和谦恭的顾客，抓住实用夸 …………………… 040

男女客户大不同，抓住区别夸 …………………… 045

年纪偏大的顾客，抓住阅历夸 …………………… 050

Part 3 与客户交往，夸出客户的满足感

带着客户见领导，夸出他的能力 …………………… 056

带着客户见同事，夸出他的靠谱 …………………… 060

带着客户见亲友，夸出他的重要..................065

宴会上，夸出客户的自尊需求 070

推介时，为客户创造更多机会..................074

典礼上，让客户的荣耀更光彩..................078

Part 4 夸人有技巧，有的放矢更有效

"细节 + 感受"：具象化夸人..................086

"当下 + 感受"：把握时机夸人..................091

"回忆 + 感受"：回忆式夸人..................096

"他人评价 + 赞美"：间接式夸人..................100

"对比 + 赞美"：比较式夸人..................104

Part 5 夸人要有高情商，夸出高段位

"彩虹屁"好过谄媚的"拍马屁"..................110

换个角度夸，说出的话更加分 114

赞美回旋夸，夸出荡气回肠..................119

根据需求夸，赞美的话说到心坎里..................123

真诚的赞美就是最高的情商..................127

不要把夸赞说成"讥讽"..................131

Part 6

那些意想不到的夸奖，更有妙用

夸奖也有"万能公式"，总有一种适合你..................138

把客户的挑错变成夸奖 142

当客户宽容时如何夸奖 146

不会拒绝？用赞扬的方式试试 150

聆听建议时，让夸奖变成感谢 155

每个人都有被赞美和被认可的心理需求，客户也不例外，夸赞能够拉近与客户之间的距离。如果客户一直能从你那里得到肯定和赞美，他们会觉得你是一个善于发现他们的优点的合作伙伴，你们的合作关系也会更亲近密切。

Part 1

夸客户很简单，首先要会夸人

夸外貌，迅速拉近与客户的距离

试试这样夸

您人美皮肤亮，穿啥衣服都时尚。

您有推荐的款式吗？
您人美皮肤亮，穿啥衣服都时尚。您先看看这款丝绸短袍。

如果美貌收税的话，您已经倾家荡产了。

我的颜值撑得起这身衣服吗？
放心吧，如果美貌收税的话，您已经倾家荡产了。

您这张脸真是完美诠释了什么叫"天生丽质难自弃"。

依我看不需要，您这张脸真是完美诠释了什么叫"天生丽质难自弃"。
这个需要再画得浓一些吗？

这姿势好帅！我要拍下来。

为恭喜达成协议，可以邀请您共进午餐吗？
可以呀，稍等！这姿势好帅，我要拍下来。

夸客户这样说

↓ 夸发型

夸一个人的发型是一种少见的角度，但是也往往更容易带来新奇感，何况夸发型还可以间接夸一个人的气质。另外，在理发、美妆等领域，夸发型是很常用的。

1. 哇，您今天的短发精神又干练，不愧是我认识的女强人！

2. 这飘逸的长发，让我想起了《指环王》中的精灵女王！

3. 这个新发型简直就是为时尚杂志封面量身打造的！

4. 这雅致的发型设计，差点没认出来，更有艺术气息了。

5. 这个有层次感的发型，显得您更气宇轩昂啦！

6. 您这款新发型太时尚了！层次感分明，也很适合您的脸型。

7. 这个新潮的发型很适合您，走在潮流前沿啦。

8. 您的卷发真的好迷人啊，特别凸显您的优雅气质！

9. 您这种发型，无论是日常生活中还是参加正式场合，都绝对是焦点。

10. 这个发色太适合您了，显得您的肤色更加白皙透亮！

11. 您真有眼光，您是怎么想到选这个风格的发型的呀？

↓ 夸皮肤

夸赞客户的皮肤主要适用于美容护肤行业，以及一些商务接待场合和社交聚会场合。恰当夸赞客户的皮肤可以让客户感受到你的善意和关注，增强客户的好感度，提升客户信心，促进人际关系发展。

12. 您的皮肤甚至都没有瑕疵，简直像剥了壳的鸡蛋。

13. 您的皮肤很有弹性呢，您一定是生活很规律而且注重保养的人吧。

14. 我通过检测看到您的皮肤真的很干净清爽，您很会照顾自己的皮肤。

15. 您的皮肤保养得真好，看起来比实际年龄年轻好多呢。

16. 岁月都对您格外留情，无论什么时候见您，皮肤都这么好。

17. 您今天看起来容光焕发，在人群中格外耀眼。

18. 您这好皮肤就像自带打光效果一样，把衣服都衬得更漂亮了。

19. 您的皮肤白里透红，和您的笑容搭配起来，真是聚会中的焦点啊！

20. 您今天的妆容真好，您不说我还以为您没化妆。您真是天生丽质呢！

21. 您的皮肤这么光滑白皙，阳光洒下来就像给您镀了一层光晕！

↓ 夸五官

夸赞客户的五官可以让客户感到你在用心观察他，客户会觉得自信和愉悦，进而与你建立积极的人际关系。你要确保你的赞美是真心实意并且具备细节的。夸赞五官这个方法适用范围很广，包括社交活动、商业会议、节日庆典等。

22. 您的眼睛真美，明亮有神，仿佛会说话一样。

23. 您的鼻子好挺，显得整个人坚定可靠，怪不得一直那么靠谱！

24. 您的眉毛形状自然，让整个面部看起来更加协调和有精神。

25. 您的牙齿就像珍珠一样，笑起来让人感觉特别亲切。

26. 每次开会您的眼睛都炯炯有神，充满了智慧和魅力。

27. 您弯弯的眉毛就像天边的新月，细腻的表情像是在讲述一个优美的故事。

28. 您涂的这款乳脂口红，让您的唇部看上去如丝般柔软滑润！

29. 您的耳朵娇小玲珑，轮廓分明，仿佛一件精雕细琢的工艺品一样美。

30. 您最近健身很努力，我感觉您的脸部轮廓更紧致了，鼻梁也更高挺、更漂亮了呢！

31. 当您在海边漫步时，您精致的五官都好像在阳光下闪耀呢！

32. 您的眼睛如此明亮，仿佛会说话一般。

33. 您的眉毛浓密有形又灵动，显得您整个人可爱俏皮，像小天使一样！

↓ 夸气质

　　气质是一种感觉，因此对气质的夸赞通常用于迎宾破冰、打破沉默，准备拉近和客户的关系。夸赞气质还可以用于其他一些场合，真诚具体的夸赞能给客户塑造推崇感、满足感和优越感。

34. 您的气质优雅高贵，真让人忍不住想要多看几眼。

35. 您看起来特别有内涵和魅力，身上散发着一种知性的气息，我想这一定和您丰富的阅历和学识有关吧。

36. 您的气质好温和，我相信您身边的朋友都很喜欢和您相处吧。

37. 您有一种干练的气质，一定是很有能力和决断力的人。

38. 您充满了活力和朝气，我在您的带动下也越来越积极向上了！

39. 您对专业知识理解得特别深刻，怪不得您给人一种学识渊博和高深莫测的感觉！

40. 这次的团建这么成功，和您的亲和力分不开呢！

41. 今天只有您一个人坚持徒步登上山顶了，您坚毅的气质真是令人佩服！

42. 您真的很有奉献精神，令人感到温暖！

43. 今天的课上就数您的气质最优雅，每一个动作都散发出一种平和的力量。

44. 今天的舞会上，您的舞步仿佛将大家带入了一个浪漫的世界。

45. 您说话特别幽默风趣，这次聚会上又是妙语连珠，让大家笑得前仰后合。

46. 您温柔的样子简直要把我融化了，看着孩子的眼神也特别的慈爱！

夸穿着，快速增进与客户的关系

试试这样夸

您今天漂亮得不仅吸引眼球，还要迷倒全球。

> 李女士，您今天漂亮得不仅吸引眼球，还要迷倒全球。
>
> 穿这身衣服参加晚宴还合适吧？

这件衣服您穿上，镜子都要夸您好看！

> 这件衣服您穿上，镜子都要夸您好看！

您再多打扮一下，别人都要没有自信啦。

> 这款很好看，配上您的气质很合适，您再多打扮一下，别人都要没有自信啦。

您今天的衣着帅得发光。

> 我还奇怪周围怎么突然暗下来了，原来是您今天的衣着帅得发光。
>
> 您还是一如既往的嘴甜啊！

夸客户这样说

↓ 夸搭配

夸穿着搭配是一个通用且简单易行的办法,无论是面对新客户还是老客户,在多种不同的场合,都可以夸对方的搭配。夸搭配还可以帮助我们达成多种目的,如服装店员推销衣服、乙方工作人员拉近和甲方的关系等。

1. 亲爱的,你每次给衣服搭配的项链都超好看。

2. 您今天穿的这件连衣裙太漂亮了,它完美地勾勒出您的身材曲线,显得您既优雅又迷人。

3. 您这件上衣的领口设计很别致呢,真的太会穿了!

4. 哇,您这套西装很显档次,您穿起来真的太合适了。

5. 您搭配的这条围巾太好看了,不仅保暖,还增添了一份时尚感和层次感。您真的是一位搭配高手!

6. 您今天选的包包真是点睛之笔,与您今天的穿着非常搭配。

7. 我说怎么看您更漂亮了呢,原来是耳环和发带选择得好!

8. 您外套的双排扣设计太经典了,显得既高贵又大气。

9. 您腰带和裤子搭配得相得益彰,凸显了您的腰线,简直绝了!

10. 您的审美真棒,鞋子和裙子互相映衬,看上去很舒服自然。

↓ 夸风格

一个人的风格是掩藏在内心的,而着装就是凸显个人风格最常用的方法之一。如果我们可以通过客户的穿搭了解他的风格,确定他的个性,并用积极的语言夸奖出来，相信一定能获得客户的好感。

> 11. 您今天的穿搭风格真的很适合您，简约而不失时尚，整体看起来清爽舒适。
>
> 12. 您的穿搭特别有韵味，是最近流行的复古风，太迷人了。
>
> 13. 您这身打扮整体看上去时尚又休闲，这种风格很适合您！
>
> 14. 您今天穿的衣服很适合您，看得出您是一个懂生活的人。
>
> 15. 您这件衣服的材质看起来好高级，摸起来手感也特别舒适。
>
> 16. 我注意到您这件毛衣是纯羊毛的，质感特别好，保暖性肯定也不错。您真会挑，穿上它既暖和又时尚。
>
> 17. 田园风果然适合您，您看上去像仙子一样啊！
>
> 18. 您衣服上的运动元素，让您看上去健康向上、活力满满！
>
> 19. 您今天的穿搭看上去既高级又简约，可以教教我怎么搭配吗？
>
> 20. 看得出来您很喜欢朋克文化，衣服上的金属配饰很别致，剪裁也很独特，很显个性！

↓ 夸色彩

　　色彩是衣着组成的重要元素之一，它通常与环境、心情、性格都有一定相关性。肯定客户的穿着色彩，可以更好地理解客户的心情和想法，与客户更好地沟通。

> 21. 这件明黄色上衣与深色的裤子映衬搭配，真的太出彩了！
>
> 22. 我发现您很喜欢这种柔和的色系呢，今天穿的这身淡蓝色裙子也格外衬您的肤色。

23. 您这身黑白的穿搭既经典又时尚，永远都不会过时。您把基础色穿出了高级感，太厉害了！

24. 您的酒红色礼服散发着一种成熟的魅力，这个颜色很配今天的品酒活动，显得您格外迷人。

25. 在这喜庆的宴会中，您的红色连衣裙真的很有魅力，热情又迷人。

26. 红色高跟鞋通常很难穿得好看，但您能驾驭得很好！

27. 哇，黄色上衣和绿色裙子的搭配太妙了，就像春天里盛开的花朵，充满生机，周围的风景都跟着好看起来了。

28. 您的银色外套很适合今天的发布会，很有科技感，简直就是焦点！

29. 您这身衣服的色彩搭配太棒了，走在路上，那回头率肯定超级高！

30. 哇，您今天这件衣服的颜色真鲜亮，整个人也显得神采飞扬了。

31. 您的红色连衣裙简直美极了，显得身材也特别好。

32. 不得不说，白色上衣配蓝色裤子超赞，您好像时尚杂志里的模特！

33. 您这衣服颜色选得太妙了！鲜艳又不失雅致，自带光芒。

↓ 夸局部

很多穿搭之所以经典独特，就是细节上的巧妙用心。看到客户的穿搭细节并及时予以正向反馈，会让客户认为自己在衣着上的精巧设计被理解了，因此客户会更愿意进行交谈。

34. 您衣服的下摆处有一个很巧妙的褶皱设计，让您看起来更加灵动，真的很加分。

35. 您这件衬衫袖口设计得很别致，独特的收口既时尚又方便活动。

36. 您这件衣服上的纽扣设计好精致，满满的高级感！

37. 您这件上衣领口的蝴蝶结打得真漂亮，既俏皮又可爱，您就像青春偶像剧里的女主角。

38. 您这条裙子裙摆处的不规则剪裁太有创意了，走起路来摇曳生姿，让人感觉您才是今天的模特呢！

39. 您这身西服选得真好，适合今天谈判的场合。

40. 您这条围巾的流苏好灵动呀，随着您的动作轻轻摆动，真漂亮！

41. 您包包上的金属链条好有质感，时尚又吸睛。

42. 您鞋子上的蝴蝶结装饰好甜美，衬得气氛更美妙了！

↓ 夸整体

夸整体同样是一种通用于多种场合的简单有效的好方法。或许有时我们很难立马确定客户在色彩和细节搭配上的用意，但是通过对衣着整体的夸赞，同样可以与客户建立正面的联结。

43. 您的身材好棒，穿什么衣服都好看，我真的很羡慕您。

45. 您非常有女人味儿，穿的衣服还非常显年轻。

45. 别人穿这件 T 恤，我感觉一般，但是您穿，我就感觉很有魅力。

46. 哇，您这套西服套装好帅气啊！它的版型很正，穿在您身上显得特别干练、利落！

47. 您的穿着好有个性，造型充满了潮流感，简直就是街头时尚的代表。

48. 您这件中式上衣配上黑色的阔腿裤，充满了传统与现代结合的独特美感！

49. 您这一身打扮太甜美了，就像从童话世界里走出来的小公主，今天的儿童游乐园里，您是最可爱的存在。

50. 您今天给人的感觉好知性哦，让坐在您旁边的我肃然起敬。

51. 您今天简直就是时尚的范本啊！每一个元素都搭配得恰到好处，无论是色彩、款式还是配饰。

夸动作，细节里的夸赞很感人

试试这样夸

这里是T台吗？您看起来像个模特。

您的每个动作都像古画里的人一样优美！

您平时静若处子，健身房里动若脱兔，真是文武双全啊！

您心中充满了爱，一定是个很善良的人！

夸客户这样说

↓ 夸姿态

姿态是动作中最容易捕捉的信息，可以推断出一个人的性格气质。我们通常会夸赞姿态的优雅、从容、坚定、强势等，因此对于姿态的夸赞通常适用于个性特征明显、姿态鲜明的客户。

1. 亲爱的，你走路的体态很好，跟明星很像呢。

2. 您的坐姿腰背挺直、仪态端正，让人忍不住想多看几眼。

3. 您入座时的动作特别轻盈优雅，轻轻一坐，端庄大方。

4. 您坐在那里，给人一种很舒展又有气场的感觉。

5. 您这样一站，身姿挺拔如松，这种良好的体态真的很为您的形象加分。

6. 您的站姿好标准呀，给人一种很自信的感觉，您是专门训练过吗？

7. 我发现您无论是坐着还是走动，都显得从容不迫，这么好看的仪态值得我们学习呢。

8. 您的步伐轻盈又稳健，充满自信和活力，连我都受到感染了。

9. 您这气定神闲的气质，从走路的每一步中都显露出来了。

10. 您走路的时候，每一步都非常坚定，都让我感受到了力量！

↓ 夸面部表情和头部动作

面部和头部的动作细节最多，同样也不难观察，因为人与人相处的大多时候都会关注面部特征。对于面部和头部动作的夸赞适用于多种人群和多种场合，能够让客户感受到我们对他们的动作细节的关注，进而心生好感。

11. 您的笑容真的太有感染力了，每次看到您笑，就感觉整个世界都变得明亮起来了。

12. 您倾听产品介绍时眼神专注，让人感觉您是个专注且用心的人。

13. 您刚才皱眉和认真思考的神情，让人看出您做事情很严谨。

14. 您轻轻歪头的动作就像一只可爱的小鹿，充满了好奇，还很俏皮。

15. 我们讲解产品时，您始终认真倾听，点头回应，您真有修养。

16. 您笑起来的时候，眼睛弯成了月牙儿，特别有感染力。

17. 刚刚您惊讶的时候，眼睛一下睁得大大的，您的感情好丰富啊！

18. 您轻扬下巴的动作带着一种与生俱来的自信，眼神坚定地向前看，这种气场太强大了。

19. 您微微点头间的谦逊，让周围的人都能感受到您的亲和力。

↓ 夸细节

客户身体动作中的小细节需要细心观察并仔细推敲，才能知晓客户的具体用意以及相关信息，因此我们需要对人情世故有一定把握，如果能提前知晓客户的背景情况就更好了。

20. 刚才看您拆装零件时手指非常灵活，您的手很巧呢！

21. 我发现您在做手势的时候特别自然大方，很有亲和力。

22. 您轻轻撩动头发的动作优雅又温柔，我都看入迷了。

23. 您戴首饰的动作好优雅呀，一抬一放间都散发着大家闺秀的气场。

24. 您在翻书时都小心翼翼，不愧是出自书香门第。

25. 我发现您喝水的时候都小口慢慢喝，真优雅！

26. 您的签字流畅漂亮，字迹里透着自信，一看就是果断的人。

27. 每次坐您的车时，您都会亲自开门，对他人太贴心了。

28. 真没想到您两分钟就把文件整理好了，条理性真强！

29. 您刚刚拍照的时候手真稳，简直就像一位专业的摄影师！

↓ 夸情感表达

　　情感对客观世界的作用是通过行为发生的，因此夸赞客户动作中表露的情感可以让我们更好地和客户心意相通，产生共鸣。动作中的情感表达很多时候也代表了客户的态度，需要我们及时了解。

30. 您轻轻一个点头，对我们来说就和沉甸甸的金子一样珍贵。

31. 看到您兴奋地鼓掌，就知道我们的努力有了最好的回报，我们也感到热血沸腾。

32. 您手托下巴认真思考的时候，就像一位运筹帷幄的将军！

33. 为了项目您仔细问询，我们都看到了您的责任感。

34. 您这有力的握手，让我们顿时就有了信心，我们的信任和合作都在这次握手里了。

35. 您惊喜的眼神，让我感受到您对创新的热爱！

36. 经理在讲解的时候，您仔细聆听，还认真做笔记，我能感受到您对知识的渴望，这种精神太值得称赞了。

37. 您强调重点时，眼神充满感染力，让我们能更清晰地理解。

38. 您自信地挺胸，就像王者一样把控全场，这次项目一定会成功的！

夸感觉，与客户的友谊"猝不及防"

🎬 试试这样夸

您的热情不只温暖了家人，都暖到售楼处了！

> 我想让新家成为一家人温馨的避风港。

> 您的热情不只温暖了家人，都暖到售楼处了！

您甜得就像一块巧克力，温柔可爱又美丽！

> 很乐意帮你。你甜得就像一块巧克力，温柔可爱又美丽！

> 麻烦您帮我调节一下器械吧。

您一定是个心里有光的姑娘，温暖得像小太阳！

> 你一定是个心里有光的姑娘，温暖得像小太阳！

> 你嘴这么甜，下次我还来帮你！

难道迪士尼的门没关好，把公主放出来了？

> 小姑娘真漂亮。难道迪士尼的门没关好，把公主放出来了？

夸客户这样说

↓ 夸亲和力

感觉相对主观，夸赞感觉十分适用于联络感情，亲和力这一富有魅力色彩的品质就更有推动关系的作用。当发现客户身上具有亲和力的时候，一定要不加犹豫地积极赞扬，使我们与客户的关系迅速升温。

1. 亲爱的，有没有人跟您说过，您给人一种很亲切的感觉。

2. 您特别亲切，和您交流如沐春风，就像与老友聊天般自在。

3. 您真随和，谁和您在一起都会感觉很舒服。

4. 为您服务好轻松啊，您随和、没架子，这亲和力让我们也倍感轻松。

5. 您说话轻柔亲切，让人很想接近您，和您交流简直就是享受。

6. 您说话时眼神和语气里都透着温暖，一看就是内心善良的人啊。

7. 您对人耐心体贴，听我说了这么长时间也没有一点儿不耐烦。

8. 您好有爱心，对待小朋友们温和细致，大家都很喜欢围着您一起玩儿。

9. 这次团建圆满成功，多亏了您的超强亲和力抓住了新同事的心呢！

10. 您的微笑让冬天都没有那么冷了！怪不得活动的时候，越来越多的咨询者找您咨询呢！

↓ 夸知性

另一种可以做关系的催化剂的品质就是知性了，知性的人通常表现得温柔细腻、见解丰富。这样的人能够凭借自己的知识和经历去善待他人，因此夸赞他们并不困难，可以从他们感兴趣或擅长的领域入手，赞美他们带给人知性的感觉。

11. 您对很多事情的见解深刻，和您聊天能学到很多。

12. 您美得超凡脱俗，从穿着到言谈都透露出高知女性的魅力。

13. 您选择产品时理性分析，又不失耐心，我很佩服您的见解和眼光，和您交流很愉快。

14. 今天会议上您细致地讲解市场趋势，带给我们一堂不一样的市场分析课。

15. 每当讨论艺术作品时，您对艺术的理解都会彰显出您深厚的艺术素养，艺术家的魅力在这一刻展现得淋漓尽致。

16. 您帮我们挑选书籍的时候，细致从容，一看您就是很知性的人。

17. 您对于复杂的历史脉络把握得清晰明了，写出的文章旁征博引，是我学习的榜样。

18. 今天的讲座上您把临床和人文关怀结合，让我们看到您是一位知性又专业的心理学学者。

19. 您这般全面的研究者不多见了，您对中华礼仪的理解令人钦佩。

20. 我发现您的书房就像一个小型图书馆，不愧是书香门第。

21. 您从人生哲学的角度分析人们的消费心理，这种结合很有启发。

22. 您气质从容、知识渊博，尽显知性风范。

23. 在咖啡馆里，您一手捧拿铁，一手翻书，真有文人雅士之风采。

24. 您与冯教授互动交流时，全程毫无压力，真没想到您对电气化工程技术这么了解，让人感觉好有学识。

↓ 夸自信

如果客户本就自信，那么他或许更愿意和强者交往，所以与他们谈话时也要从容自若。注意在夸赞他自信的时候抓住重点，不要泛泛空谈，也不要不自觉地将自己放于低位，这会让赞扬听起来虚伪、不真实。

25. 飞行训练中您熟练地操控飞机，操作水平都要赶上专业飞行员了。

26. 您纵马驰骋，飞扬的都是您骨子里的自信啊。

27. 您的舞蹈动作刚劲有力，舞姿中的自信让您更有魅力。

28. 您的花艺作品在比赛中获得了一等奖，您的自信比花还美！

29. 亲爱的，我很快就感受到您身上散发的自信，有种女强人的感觉！

30. 您的言行举止都透着自信，在任何场合都很出众。

31. 您真自信，从走路姿势和眼神都能看出，您的生活和工作肯定出色。

32. 您对自己的选择如此自信，这让我们也有了信心，相信您会满意我们的产品和服务。

33. 您对自己的观点充满信心，研究成果也条理清晰、论据充分，让同行们都很佩服。

34. 您的肌肉线条里都充满了自信，平时训练一定很用心。

35. 您的自信感动了活动中的很多老人，让他们重拾了对生活的信心。

↓ 夸权威感

很多客户因为多年的从业经验而显得强势果断，那么可以用"权威力"这个词夸赞他们，展示对他们的尊重，客户听了也会更愿意在专业领域展现自己的能力和资源。注意不要阿谀奉承，抑或表现得怯懦无措。

36. 每次您在会议上一开口，沉稳的语调就像定海神针一般，权威的观点让我们心悦诚服。

37. 在商场上，您就像一位王者，每次决策都有令人信服的权威感。

38. 每当团队因决策而争论不休时，您总能帮我们找到正确的方向。

39. 您在指导工作的过程中，给我们提供了很多精辟的意见，帮我们少走了许多弯路。

40. 和您交流工作时，您总能向我传授很多秘诀。

41. 每次与您谈判时，您的气场都强大得如同一位权威的谈判专家，让我不得不佩服。

42. 您在危机中挺身而出，不愧是我们公司的救世主。

43. 这次演讲您风采卓然，尽显权威！我们都很佩服您对于行业前沿信息的深刻见解。

44. 日常工作时您就像火车头一样，带动着团队高速前进！

45. 这次的培训您是绝对的权威，您的案例分享令我们钦佩不已。

夸生活，夸出客户的自足感

试试这样夸

心里藏着小星星，生活才能亮晶晶。

> 我的要求是不是有点高？

> 并不是高啊，只有像您这样心里藏着小星星，生活才能亮晶晶。

因为您有各种期待，男朋友才更疼爱您！

> 我要这条项链！

> 哈哈，就是因为您有各种期待，男朋友才更疼爱您！

人设都是自己定的，想快乐就快乐！

> 这次我想做"潮男"……

> 人设都是自己定的，想快乐就快乐！我来帮您搭配吧！

向日葵就是向阳而生，和你一样。

> 小姑娘平时总是这么开朗讨喜。向日葵就是向阳而生，和你一样。

夸客户这样说

↓ 夸生活品位

　　当夸赞客户的生活品位时，我们很容易找到与客户共同的兴趣点，因为生活品位是一个相对个性化但又具有普遍性的话题。另外，生活品位的话题可以帮助你洞察客户在产品或服务方面的潜在需求。

---

　　1. 从您的穿着打扮就能看出来您对生活有着独特的品位和追求，您一定经常尝试各种新鲜有趣的事物吧？

　　2. 我觉得您真的很会享受生活，工作之余还保持着高品质的生活格调。

　　3. 您总是这么干净整洁，一看就是一位热爱生活又有修养的人。

　　4. 从您办公室的这些摆件，就能看出您是很有生活品位的人。

　　5. 您的这些艺术收藏，展现了您独一无二的审美。

　　6. 看到您这满书柜的书，我就知道您有极高的文化品位。

　　7. 这家餐厅的环境很优雅，菜品也这么讲究，我想也只有像您这样有品位的人才能发现这个好地方。

　　8. 您对家具每一个细节的探究，都透露着您对生活品位的追求。

　　9. 能跟您听这场音乐会真是太开心了，您对高雅艺术向来品位很高，让我也涨了见识。

　　10. 您就是那种能够把平凡日子过成诗的人。

↓ 夸生活智慧

　　生活智慧这个话题具有很强的开放性和深度，能够引导客户分享他们自己的生活经验和观点。这有助于你更好地了解客户的生活背景、价值观和关注点，为进一步的合作或者服务提供更有针对性的建议。

> 11. 听君一席话，胜读十年书，今天与您交谈，我受益匪浅。
>
> 12. 您在家庭理财方面真是太精通了，能合理分配资产，让家庭经济稳扎稳打地发展。
>
> 13. 您在规划家居上很有一套，这就是您生活智慧的体现。
>
> 14. 您家和谐美满的氛围太让人羡慕了，充分说明您有处理家庭关系的智慧。
>
> 15. 您的团队凝聚力超强，因为您能够让大家的心紧紧贴在一起。
>
> 16. 听您说那些应对压力的小妙招，真的太赞了！
>
> 17. 您知道如何在压力和放松中平衡，这种人生哲学值得我们学习。
>
> 18. 您真是生活智囊，简单的小妙招就巧妙地解决了问题。
>
> 19. 您的教育方法太棒了，都可以开课了，一定会让大家眼前一亮！
>
> 20. 您的旅行经历太让人羡慕了，怪不得眼界这么开阔。

↓ 夸工作生活

　　和客户讨论工作生活，能够展现出你愿意交心、坦诚相待的态度，对客户的关怀不仅仅局限于业务层面。这种人性化的夸赞能够让客户感受到你在真正关心他们的生活状态，而不是只把他们看作是商业伙伴。

> 21. 您在工作中一定非常出色，看您的做事方式就知道，您是一个很有能力和责任心的人。
>
> 22. 您总是不断追求自我提升，在工作上一定很有上进心。

23. 在同龄人中，您的能力是出类拔萃的。

24. 不跟您聊天不知道，您真是眼光独到。

25. 这可不是胆大或胆小的问题，没您这能力是根本做不到的。

26. 我真佩服您的头脑，多少人办不成的事情，您一出手便迎刃而解。

27. 从您的谈吐中就能看出您在工作中的专业素养。

28. 今天参观了您的公司，我才真正明白您为何能如此成功。

29. 您家里还设置了工作台，一下子就看出您工作生活两不误。

↓ 夸生活态度

　　我们可以通过夸赞客户的生活态度，和客户在更深层次上建立情感联系。这种情感上的共鸣会使客户更加喜欢你这个人，从而更愿意与你建立长期的合作关系。你还可以巧妙地将公司的品牌价值观与之结合，提升品牌在客户心中的形象。

30. 您的适应能力真强，无论遇到什么困难都能从容面对。

31. 您能做成那样大的事业，生活还这么简朴，我真佩服。

32. 您对生活的态度积极乐观，总是能看到事情好的一面。

33. 和您一起散步真舒服，好久没这么舒心地享受大自然了！

34. 在这繁忙的工作环境里，您还能营造出这样温暖的氛围，说明您有一颗热爱生活的心。

35. 您用餐时每一口都是满满的幸福感，吃播看到您都要自愧不如了！

36. 您热衷于志愿活动，不仅温暖了他人，也让自己的生活更有意义。

37. 您学习的热情体现了您对生活认真钻研的态度，真令人钦佩。

38. 听您分享旅行经历，能感受到您对旅行和生活满满的爱。

在业务往来中，根据不同类型的客户对象选择不同的夸赞方式是非常重要的。不同的客户可能对夸赞的接受程度和敏感度不同，因此要选择合适的夸赞方式，以便更快地建立起信任关系，避免误解和紧张气氛的产生。

Part 2

说好话要瞅准对象，消除沟通障碍

漂亮活跃的顾客，抓住细节夸

🎬 **试试这样夸**

看看您这大长腿，我修图都不敢这么修。

> 当然了，看看您这大长腿，我修图都不敢这么修。
>
> 我感觉最近体脂下降了。

那些说星星好看的人，一定是没有看您的眼睛。

> 您真帅气，那些说星星好看的人，一定是没有看过您的眼睛。

美人杀人不用刀，勾魂摄魄全在腰。

> 这条裙子很好地突出了您的腰身。美人杀人不用刀，勾魂摄魄全在腰。

快门一次，心动千次啊！

> 您的身材和气质真是太好了，快门一次，心动千次啊！
>
> 谢谢，下次我还来找您拍哦。

夸客户这样说

↓ 抓细节

每个人都希望自己被视为独一无二的。聚焦细节的赞美能够突出客户与众不同之处。比如，你夸赞客户的发质很好，柔顺有光泽，她可能会在接下来的交流中和你分享她的头发护理心得，更有利于沟通。

1. 不是每个人都有您这样的天鹅颈，随便哪款项链都能戴得漂亮。

2. 您的手好漂亮啊，修长纤细，就像钢琴家的手一样。

3. 您的头发柔顺亮泽，在阳光下就像绸缎一样闪耀。

4. 您的唇形本就漂亮，搭配今天的口红颜色，简直太夺目了！

5. 您今天佩戴的戒指好特别，让您的手看起来更加漂亮迷人。

6. 您的鞋子选得太棒了，与您漂亮的脚踝相得益彰。

7. 阳光洒到您身上，皮肤简直亮到发光，我们这些凡人是比不了了。

8. 您的皮肤看起来好健康，平时一定有健身的习惯吧？

9. 您的眉形好漂亮，像弯弯的月牙，是流行的古典美呢！

10. 您的面容充满慈爱，就像天使降临人间一样。

↓ 谈感受

通过分享感受，能够让客户对你给予他们的赞美留下更深刻的印象。相比于简单的"你真漂亮"，那些带有个人感受、富有感情的赞美更能触动客户的内心。甚至在之后的日子里，每当想起你的赞美，客户都会有一种愉悦的情绪。

11. 天哪，看到您我终于把"沉鱼落雁"这个词具象化了。

12. 您的漂亮自带气场，就像一道光吸引了所有人的目光。

13. 在餐厅柔和的灯光下，您的美貌被映衬得更突出了，每一个动作都充满了魅力。

14. 今天的聚会上，您就像精灵一样漂亮。

15. 一走进公司就看到您，您的漂亮都要把我迷倒了。

16. 没想到您穿上车间制服，更显独特、帅气，散发出干练、果敢的魅力。

17. 您的魄力在今天针锋相对的谈判中展露无遗，让人心生敬意。

18. 在这充满艺术气息的展览上，您看上去更像一件行走的艺术品。

19. 您的漂亮是那种健康活力之美，运动时身姿矫健，富有朝气。

20. 在今天的派对上，您就像公主一样漂亮，快乐和幸福都写在脸上。

21. 我很喜欢您分享知识时的知性美，您的神态和语气都充满了智慧。

↓ 夸个性

当你能够从外在美延伸到对客户个性的赞美时，客户会觉得你真正理解和欣赏他们。这种夸赞帮助客户将自己的外在美和内在个性联系起来，能够提升他们的自我认知和自信心。

22. 您总是那么有耐心，这份包容让您更有亲和力。

23. 您做事永远不急不躁，有一种从容柔和的美。

24. 面对困难您总是乐观以对，灿烂的笑容让您显得很有魅力！

25. 您在公益活动中倾注的爱心，让您的面容洋溢着一种别样的美。

26. 您的幽默风趣就像一把神奇的钥匙，打开了大家的心。

27. 工作时您犹如精雕细琢的工匠，我们都觉得专注的您很美！

28. 您在朋友面前总是真诚坦率，这份真诚反射出您内心的美丽光辉。

29. 求知欲让您的气质变得更加迷人，宛如智慧的精灵。

30. 您的探索欲，让您的眼睛里闪烁着热爱生活的光芒。

31. 您的创作激情就像燃烧的火焰，这种性格魅力让您的作品和您本人都散发着迷人的艺术气息。

↓ 做比较

做比较的夸赞方式更加生动形象，更容易让客户记住你的赞美之词，还可以引导客户对自己的美丽进行新的自我认知。在夸赞的时候，可以通过不同的风格、不同的场景、不同的对象以及不同时间维度进行对比夸赞。

32. 果然，漂亮的人不用任何点缀就可以诠释美。

33. 您这气质和容貌，往时尚秀场一站就赛过超模了！

34. 您在公司年会舞台上表演时，那身姿和美貌真的太耀眼了，专业演员也不过如此。

35. 您站在珠宝柜台前，那美貌比店里的珠宝还闪耀啊！

36. 与花园中的各色花朵相比，您才是这园中最亮丽的风景。

37. 游艇上的海风，都没有您的微笑让人舒坦。

38. 今天您高贵的气质和优雅的身姿，比音乐会上演奏的悠扬的旋律还要动人心弦。

39. 您穿上礼服在镜子前转身的瞬间，那模样比童话中的公主还要梦幻。

40. 您从温泉中走出来的时候，我才知道什么叫作出水芙蓉！

淳厚质朴的顾客，抓住内涵夸

试试这样夸

做一朵小花也很好，小花有小花的快乐。

您的眼神总能捕捉到别人未说出口的心事，温暖而深邃。

微胖也是一种美呀。做一朵小花也很好，小花有小花的快乐。

我想吃蛋糕但又怕胖。

谢谢您接受采访。您的眼神总能捕捉到别人未说出口的心事，温暖而深邃。

您是那种通过一顿饭就能让人重新思考人生的人。

您本身就是智慧的体现。

每次和您接触都受益匪浅，您是那种通过一顿饭就能让人重新思考人生的人。

别人看我穿的不好，不愿意……

乔叔叔，您不需要刻意打扮自己，您本身就是智慧的体现。

夸客户这样说

↓ 夸服饰

对于淳厚质朴的客户，他们的服饰往往能体现其内在品质。这些客户通常不会追求过于华丽甚至浮夸的穿着，他们的服饰选择可能更注重实用性、舒适性和简约性。夸赞他们的服饰能够让你从外在穿搭上进一步理解他们的价值观。

1. 您穿的这件简约纯色 T 恤很能体现您的纯净质朴，超合身。

2. 这件白衬衫简洁大方，很能体现您的优雅气质。

3. 深色上衣颜色稳重，能凸显您沉稳的气质。

4. 您的笑容温暖，简约针织衫让您更显亲和。

5. 经典格子衬衫永不过时，您穿上有独特韵味，试试吧。

6. 简约服装也有着流行风格，再配上自然的美妆，清新有活力，很适合您。

7. 朴素是一种态度，您穿这款宽松衬衫搭配休闲裤既舒适又时尚。

8. 您有一种自然的气质，黑裤子显腿型，大方舒适。

9. 简单棉质上衣搭复古牛仔裤，这才是低调的时尚感。

10. 您朴素亲切，素雅连衣裙既合身又衬您的温婉气质，穿起来很好看。

11. 您这身基础款连衣裙搭简单的白鞋，是大家都很喜欢的简约美。

↓ 夸外貌

很多人可能会将朴素与外貌平凡画等号，但这是一种误解。质朴的人，其内在的真诚和善良往往会在不经意间体现在外貌上，如温和的笑容、亲切的眼神等。当你夸赞他们的外貌时，会让他们感到意外的惊喜，还能体现你对他们的关怀。

12. 您朴素真实，自然色粉底液能让肤色更均匀，有一种自然美。

13. 您的眼神清澈又真挚，显得您很有精神。

14. 滋润型口红颜色柔，更适合您的淡雅美，涂了后既自然又提气色。

15. 您的笑容有感染力，淡色腮红点缀脸颊，让您的笑容更甜美。

16. 您的皮肤很有光泽，轻薄散粉定妆持久，更显清新脱俗。

17. 您的气质清纯，清新爽肤水适合您，让您的皮肤更清爽。

18. 自然系香水淡雅，能够增添优雅气息，非常适合您质朴的气质。

19. 您的眉毛浓密而自然，不加修饰却有着独特的韵味。

20. 您的眼睛不大，却明亮有神，质朴得就像邻家的长辈。

21. 您的双手厚实而有力，这是您辛勤工作的见证。

↓ 夸品质

　　质朴的客户往往秉持着简单、真诚、踏实等价值观，然而这些品质往往被人忽略。夸赞他们的品质是对这些价值观的直接肯定，还会在彼此之间建立起深厚的信任关系。

22. 美本身并不需要太多修饰，简简单单反而更好。

23. 您的随性，反倒让我不用挖空心思想着如何夸您。

24. 您从不刻意打扮，把时间都花在了雕琢内心上，您的内敛是很多人不具备的。

25. 看得出来您是一位深藏不露的才女，和您谈话让我学到了很多。

26. 我能感受到您是一位简朴低调又细心的人，和您搭档的人真是太幸运了。

27. 看得出来您是一位不张扬但懂生活的女人。

29. 您既知性又温柔，看得出您是一个知书达理的人。

30. 您的穿着简约而得体，彰显出您不慕虚荣、踏实生活的态度。

31. 您的眼神清澈而坚定，藏着对生活最本真的热爱。

32. 您这几缕银丝，是时光馈赠的勋章。

33. 您做事有股子质朴的踏实劲儿，每次合作都是一步一个脚印。

↓ 夸能力

朴素的客户可能不会主动炫耀自己的能力，但这些能力往往是他们很看重的闪光点。认可客户的能力有利于促进深度的合作或交流。如果客户知道你欣赏他们的能力，他们会更愿意和你分享自己的经验、见解，甚至可能开展合作项目。

34. 您为人特别实在，解决问题时从不绕弯子。

35. 您从不高谈阔论，总是以身作则，有着朴实却高效的领导能力。

36. 您写的故事没有华丽的辞藻，却能把乡村生活的点点滴滴生动地描绘出来，质朴又充满感染力。

37. 您总能用朴实又高效的方式向孩子们传授知识。

38. 您用简单的线条和色彩勾勒出乡村的山水田园，质朴而富有创意。

39. 您为舞蹈队编排的动作简单易学又富有节奏感，真是一场贴近民生的舞蹈表演啊！

40. 您虽然没有那些高深的理论知识，但是养殖方法依然简单见效。

41. 您拍摄的照片中没有刻意的摆拍和使用特效，真实地记录了生活。

强势挑剔的顾客，抓住眼光夸

试试这样夸

您的眼睛就像探照灯，总能捕捉到最值得关注的事物。

> 我对零件的要求是不是太严了？
>
> 并没有。您的眼睛就像探照灯，总能捕捉到最值得关注的事物。

您对细节的关注真是裁缝戴眼镜——认真！

> 您对细节的关注真是裁缝戴眼镜——认真！我给您拿一下我们产品的检测报告吧。

您才是真的火眼金睛，机遇总是乖乖被您拿捏。

> 这家医药公司最好不要投资了。
>
> 幸好咨询您了。您才是真的火眼金睛，机遇总是乖乖被您拿捏。

您眼光好、能力强，整个宇宙都要给您打工了！

> 这侧墙壁需要放一些装饰，要精致。
>
> 您眼光好、能力强，整个宇宙都要给您打工了！

夸客户这样说

↓ 夸果断

挑剔的客户通常对自己的要求和标准比较有信心，他们希望自己的选择是正确的。夸赞他们的果断不但能够满足他们内心对于自我肯定的需求，并且还能化解潜在的矛盾。

1. 看您的穿搭就知道您是一个干练果断的人，您不妨说说您的各项需求，咱们速战速决。

2. 很幸运能遇到您这样有主见的人，不妨直接谈谈您的想法。

3. 和您刚接触就感觉您对很多事情都有自己清晰的判断和决策能力。

4. 您说话总是直击重点，能看出您的思维非常敏捷和清晰。

5. 您真的很有原则，在选择服务和产品时有自己独到的见解。

6. 您对细节的关注体现出您独到的眼光，让我们很佩服。

7. 您真的很会享受生活，对美食的品质有很高的追求。

8. 亲爱的客人，您反馈的意见十分宝贵，都很有针对性，我们非常重视。

9. 您在沟通中非常直接，这让我们能为您提供更贴心的服务。

10. 您面对复杂的条款和利益博弈，总能瞬间掌控全场节奏。

↓ 夸行动力

挑剔的客户在前期漫长的准备工作结束后，会果断采取措施投入行动。夸赞他们的行动力，会让客户意识到自己的行动力得到了重视和赞赏，使他们对整个合作过程的评价更为积极。

11. 各种诉求纷至沓来时，您总能果断恰当处理，完美维护了关系。

12. 您的行动力好强啊，在面对众多选择时能够迅速做出判断并果断出击，这是很多人都羡慕的能力呢。

13. 您真的很有领导风范，感觉您无论在什么场合都能掌控全局。

14. 您在项目中确定自己想要的就毫不犹豫地出手，行动力真强。

15. 今年招聘旺季您果断提高薪资待遇，为公司成功注入新鲜血液。

16. 您总能当机立断，您的决定是我们的指南针。

17. 面对危机时，您没有丝毫退缩，果断制定策略，与大家一起重振旗鼓。

18. 财务超支时，您果断削减不必要的费用，有效控制了风险。

19. 您在人员管理上总是赏罚分明，从不优柔寡断、拖泥带水。

↓ 表达认同

挑剔强势的客户在表达各种要求与意见时，也是在展示自我。他们期望外界看到自己的独特、专业与自信。通过夸赞来表达对他们的认同感，能满足他们这种心理诉求。而感受到自身被认可，会提升他们的合作意愿。

20. 面对冗长的流程，您杀伐果断、快速理清，真让我们佩服！

21. 您的气场真的很强大，一进来就吸引了大家的目光。

22. 您的自信很有感染力，让人不由自主地相信您的选择和判断。

23. 在商业谈判桌上，您那自信的神态仿佛已经预见胜利的曙光。

24. 您站在聚光灯下，从容不迫地介绍产品亮点，也让我们坚信这款产品必将大卖。

25. 迷茫期的时候，您的自信如同黑暗中的灯塔，照亮了前行的道路。

26. 每次会议您的声音都洪亮清晰，每一个指令都点燃了大家的希望。

27. 您对公司未来的规划描绘得绘声绘色，这才让投资方深信不疑。

28. 您作为主讲人自信地分享行业知识和个人经验，员工们都收获颇丰。

29. 面对舆论风波时，您通过各种渠道发声，成功扭转舆论风向。

↓ 夸严谨

　　挑剔强势的人，做事通常细致入微、严丝合缝。在合作场景中，夸赞客户的严谨有助于营造积极的合作氛围，增强双方之间的信任。客户得到认可后，也更有可能向他人推荐你的产品或服务，并在未来继续选择同一品牌或合作方。

30. 年会上您独到的见解，激发了员工们的创新热情。

31. 拟定合同时，您仔细推敲每一个字，严谨的精神让我们诚服。

32. 您针对每款产品的每个功能细节都能提出犀利且精准的问题，产品在市场上的成功都要感谢您！

33. 这次项目能够顺利推进，都是靠您制定的严谨的审核流程。

34. 您的调研报告对数据的严谨核查，为战略决策提供了强有力的支撑。

35. 您严格的质量标准确保了我们能交付高品质的产品。

36. 您对于时间的规划非常精确，使得项目推进有条不紊。

37. 谈判中的每一个细节您都仔细反复斟酌，维护了公司的最大利益。

38. 采购过程中您通过严谨的对比，挑选到了性价比最高的设备。

39. 我们的服务质量如此顶尖，就是靠您严格把控着服务方案。

40. 对于竞争对手，您都极其重视，并且仔细分析，这才让咱们公司立于不败之地。

随和谦恭的顾客，抓住实用夸

试试这样夸

你多走几步，风都会变甜。

> 这个小兔子看上去好可爱。

> 你比小兔子更温柔，你多走几步，风都会变甜。

随和是一种能力，到哪儿都会有福气。

> 大家惦念您呢！随和是一种能力，到哪儿都会有福气。

您的宽和是扑面而来的春风！

> 谢谢您的理解，您的宽和是扑面而来的春风！

> 介绍错了没关系，不用紧张。

您修得随和在，人生才自在。

> 我感觉和植物在一起可以心神宁静。

> 是的，您修得随和在，人生才自在。

夸客户这样说

↓ 夸态度

随和谦恭的客户在与人的交往互动中，展现出易于相处、尊重他人的态度，这种良好的品质需要被及时认可。夸赞如同一种积极的反馈信号，能够激励客户在后续的交往中继续保持甚至进一步强化他们随和谦恭的态度。

1. 您对新事物的接受态度这么积极，还很虚心，真的太了不起了。

2. 您分享经验的时候这么真诚，一点儿都不炫耀，真的很随和可亲。

3. 您能这么平和细致地表达意见，真的很了不起。

4. 您反馈体验时这么温和，在生活里也一定是个随和体贴的人。

5. 您挑选产品时的耐心和随和真的让人心生愉悦。

6. 您对价格的看法很理性，而且交流时态度这么好，真的是一位很随和宽厚的客户。

7. 您试用产品时认真小心，您的温和体现在每一个细节里。

8. 您对我们的态度这么好，真的很随和。

9. 您在等待的时候安静有耐心，您的谦恭是我们学习的榜样。

10. 您对环境的适应能力很强，也不挑剔，包容性很强呢。

↓ 夸互动

随和的人的互动方式有助于营造轻松愉快、和谐融洽的社交氛围。当客户听到对其互动状态的夸赞时，会增强其自我认同感和自信心，也会更愿意在自己的社交圈分享愉快的经历。

11. 您如此平易近人，让我印象深刻，一下子拉近了我们的距离呢。

12. 您这么专注地听我介绍产品，真的很有涵养。

13. 您真随和，我想所有服务人员都会很乐意为您解答疑惑哦。

14. 您对我们工作人员一直这么尊重友好，让我们很感动。

15. 您的沟通方式真的很棒，始终很尊重我们的观点。

16. 您和客户交流这么友好，大家都很喜欢和您打交道呢。

17. 您对竞争对手的客观评价真的很有风度，显示出了您的修养和自信。

18. 您的感谢这么诚恳，让我们心里暖暖的。

19. 您离开时也是这么亲切地和我们道别，让我们都很暖心。

20. 您对待我们就像对待老朋友一样，我们都很欢迎和期待您的到来。

21. 尽管手续有些烦琐，但您始终毫无怨言，让我们的心情都变得愉快起来了。

↓ 讲感情

　　随和的客户总是可以维系良好的情感关系，当客户听到对自己与他人感情深厚的夸赞时，会深切感受到自己在社交关系中的成功，也更愿意和我们建立深厚的感情，而深厚的感情更容易获得合作的支持。

22. 对于合作伙伴提出的不同意见，您耐心倾听，一场会议下来还与合作方建立起了深厚的友谊，真让人钦佩。

23. 和比您年纪小的人交流，您都能谦恭有礼地对待他们。

24. 您从不计较任务的轻重，大家都把您当作最贴心的伙伴。

25. 您对每一幅作品都给予赞美，让这次活动充满了和谐与友爱。

26. 您的谦恭使得家长们都愿意与您深入交流，大家的友谊日渐加深。

27. 您总是随和地参与讨论，俱乐部里面每个人都很喜欢您呢。

28. 读书分享会上，您态度谦逊，和书友们建立了深厚的友谊呢！

29. 您虚心向周围人求助，让工坊里充满了互助友爱的气息。

30. 您尊重他人的审美，和您交流让我对艺术创作充满了信心！

31. 尽管老人说话有些唠叨，您都很有耐性地回应着，令人称赞。

32. 您和邻居们打成一片，大家都跟您打招呼，特别像一家人。

33. 一路上您照顾着每一个同事，大家都纷纷夸您呢。

34. 您始终一点架子都没有，这么多年来咱们的情谊更深厚了。

↓ 谈好处

　　随和谦恭的客户在人际交往和各种事务处理中，凭借其性格展现出诸多优势，最突出的一个优势就是拥有广泛的交际圈。夸赞这类客户的性格会让他们更愿意把你纳入他们的社交圈子，他们可能会介绍你认识其他有价值的人。

35. 在问题面前您毫无指责之意，您的随和让问题的解决变得轻松了。

36. 面对我们的失误您能这么宽容，我们很愧疚也很感激。

37. 您的谦恭让团队协作如鱼得水，相信您的晋升也近在眼前了。

38. 参加行业研讨会时，您那温和的姿态吸引了众多同行的目光。

39. 正是因为您的随和包容，您的家庭才散发着满满的幸福与安心！

40. 虚心谦恭的态度帮您建立了良好关系，提升了您的人际网质量。

41. 您随和的性格使您成为聚会的焦点，有几位老板想跟您合作呢。

42. 您的配合和友善给大家在旅途中留下了许多美好的回忆，其他游客也与您结下了深厚的友谊。

43. 主讲人非常欣赏您的和善，想和您进一步沟通呢。

44. 您友好地与同事们分工合作，从不挑剔，很多部门都希望后续能和您合作。

45. 您认真倾听他人的理解和感悟，态度开放随和，这样的交流让大家都收获满满。

46. 这次选拔中，谦恭的态度让您在参选者中脱颖而出。

男女客户大不同，抓住区别夸

试试这样夸

您温柔体贴又笑颜如花，到哪儿都有人夸您美。

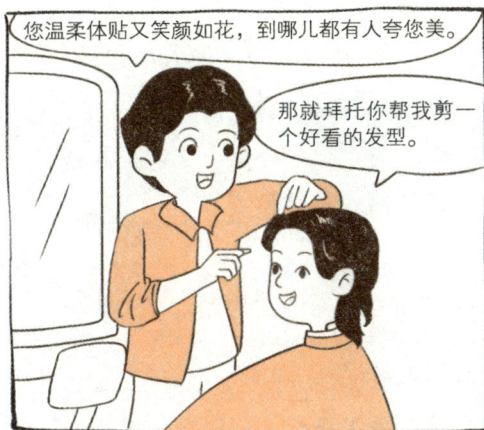

您温柔体贴又笑颜如花，到哪都有人夸您美。

那就拜托你帮我剪一个好看的发型。

墙里开花墙外香，小姐姐的美貌都不用化妆。

当然好了，墙里开花墙外香，小姐姐的美貌都不用化妆。

我素颜出门的，气色还好吧？

先生体贴，太太细腻，二位就像两块拼图一样契合！

真是先生体贴，太太细腻，二位就像两块拼图一样契合啊！

要求听老婆的，我来付款。

卓越的人在不利与艰难的遭遇里依然百折不挠。

我在您身上看到，卓越的人在不利与艰难的遭遇里依然百折不挠。

夸客户这样说

↓ 夸外貌

赞美外貌的方法就像润滑剂，可以营造愉快的氛围。对于男性客户，通常可以夸赞他们的穿着风格体现的气质，更要侧重于体现男性的稳重、成熟和力量感；夸赞女性客户要更注重情感色彩和细腻感，除了整体的穿着风格外，还可以关注配饰。

夸男性：

1. 哥，您的脸型一看就是富贵相。

2. 帅哥，你的单眼皮很有魅力，现在很多网红都追捧。

3. 哥，你的耳垂好大，一看就是有福之人。

4. 帅哥，你长得浓眉大眼，很像明星。

5. 帅哥，我看你的眼睛里仿佛藏有星辰大海。

6. 你的面庞轮廓分明，气质硬朗，真是个美男子！

夸女性：

7. 阿姨，看您的五官长得很标准，年轻时绝对是个大美女。

8. 姐，你的五官真精致，有种古典美。

9. 美女，你的嘴唇好性感哟。

10. 美女，你的眼睛真有神，睫毛又长又翘，令人心动。

11. 西方艺术家笔下的女神都是您这样的体态，美跟胖瘦无关。

12. 美女，您皮肤真细腻，真让人羡慕。

13. 看到您我终于知道啥叫韵味了，怪不得杨玉环是四大美人之一。

↓ 夸气质

夸赞气质时，对于男性客户，可以侧重于他们的稳重、自信、睿智等气质特点；对于女性客户，可以聚焦在优雅、温柔、知性等方面。夸赞客户气质要基于对客户的观察和一定的了解，同时要注意避免落入刻板印象的陷阱中。

夸男性：

14. 先生，您气质非凡，今天的穿搭时尚又合身，特显品位。

15. 先生，新发型太适合您了！显得您干练精神，年轻有活力。

16. 先生您真有礼貌，跟您交流耳朵都像受到按摩一样。

17. 您这举手投足之间展现的绅士风度，真叫人难以忘怀啊！

18. 帅哥，人群中人来人往，但我一下就注意到了您！

19. 先生，您的气质如同一杯陈年的酒，越品越有味道。

夸女性：

20. 女士，您气质优雅，笑容也很迷人。

21. 您非常清丽，让人看见就觉得心情一下子变得平静了。

22. 您从内而外都散发着一种与众不同的气质，大家的目光不由自主地被您吸引过来了。

23. 这款百合调的香水正符合您清新淡雅的气质。

24. 美女，您气质温和，很适合自然简约风格的衣服。

↓ 夸品德

当你夸赞客户的品德时，对于客户来说，这也是在肯定他们的社会形象。对于男性客户，可以着重夸赞他们的担当、诚信、坚毅等特点；对于女性客户，可以侧重于善良、宽容、细心等方面。

夸男性：

25.先生，真感谢您的理解宽容，处理问题时您的态度让人感动。

26.您对太太很有耐心，挑选商品这么仔细，一看就是可靠的人。

27.先生，这次合作正是因为您的诚信才进展得这么顺利。

28.先生，你的果断和勇气真是太少有了啊！

29.只有像您这么阳光青春的帅哥做模特，才能拍出这么好看的照片啊！

夸女性：

30.姐，您挑衣服真有耐心，这件质量没得说，被您收入囊中啦。

31.姐姐，您特有礼貌，也很尊重人，和您打交道很荣幸。

32.阿姨，听您的生活见解我很受益，您热爱生活，也懂生活。

33.美女的微笑就像春日绽放的花朵，温暖明媚。

34.您的温柔如同清晨的露珠，细腻而清新。

↓ 夸才能

在能力方面，男性通常更希望在事业、能力、知识等方面得到认可，当然，与兴趣爱好相关的夸赞也很有效；女性往往更注重外表、气质、品位等方面的赞美，也可以夸赞女性客户的细心、温柔等性格特点。

夸男性：

35.先生，看到您的工作成果，真佩服您！您有能力又有才华，是我们的榜样。

36.先生，您对这个领域了解真深，您的讲解让我受益良多。

37.哇，没想到您有这么厉害的才艺！水平很高，真是才华横溢。

38.先生这么快就做出了明智选择，这么好的东西不归您归谁啊。

39.先生分析产品优缺点很到位，真佩服您。

40.先生，您很有想法，见解独到，我都想不到还可以这样理解。

夸女性：

41.女士，您努力又有才华，取得了这么高的成就，厉害！

42.像您这么多才多艺的女生，实在是太吸引人了！

43.无论遇到什么样的环境，您总能灵活应对，展现出了女性的柔韧与智慧。

44.美女，您口才真好，长得又美，好像明星主持人啊！

45.阿姨，您处理困难时怎么能做得如同春风化雨，可以教教我吗？

46.您的宝宝可爱又有礼貌，您教育得真好，孩子有福了。

年纪偏大的顾客，抓住阅历夸

试试这样夸

年轻叫青春靓丽，年长叫成熟动人。

这条项链很大气，您和年轻人不同，年轻叫青春靓丽，年长叫成熟动人。

那就选这条吧。

您斗志这么强，真可谓上演了老年热血励志剧！

我来为您安排课程。您斗志这么强，真可谓上演了老年热血励志剧！

我想找专业教练学习一下散打。

您这叫经风雨而愈坚，历岁月而更显。

有了它就不犯难了。

阿姨，您这叫经风雨而愈坚，历岁月而更显。

虽然青丝变白发，但是岁月换来了智慧啊。

但是您的阅历最宝贵啊。虽然青丝变白发，但是岁月换来了智慧啊。

我现在真是老了。

夸客户这样说

↓ 夸智慧

　　年长的客户通常经历丰富，他们很看重自己的人生经验。当你夸赞他们智慧时，他们会更愿意打开话匣子，分享自己的见解和经验。可以通过对比的方法，夸赞和他们有关的某个具体事例。

　　1. 您一看就是很有故事的人，如果有机会，真想听听您的故事。

　　2. 您凭借多年来对房地产市场的观察，提出的见解独到而精准。

　　3. 您在不同行业摸爬滚打几十年的故事，让我们这些年轻人心悦诚服。

　　4. 您深厚的文化底蕴和丰富的知识储备，让这次讲座格外引人入胜。

　　5. 您根据自己多年来装修的经验，给出的建议非常实用。

　　6. 您做出的每一道菜都蕴含着岁月沉淀下来的精湛的厨艺！

　　7. 从心理调适到中医保健，您的养生经验既有趣又有效。

　　8. 您敏锐的洞察力令人钦佩，感谢您分享的文学作品剖析解读。

　　9. 您用自己早年的创业的经历，给我们这些年轻人上了生动的一课。

　　10. 您对传统民俗舞蹈、音乐的深刻理解，背后是您多年来对民俗文化的热爱与传承。

↓ 夸修养

　　年长的客户一般很注重自己的内在品质，夸赞他们的心态和修养，是对他们人格的一种高度肯定。另外，作为乙方或服务人员，夸赞客户的心态和修养也展示了你的细心观察和高尚品位，给人留下一种专业又不乏人情味的印象。

11. 您说话特别有条理，一看就是经历丰富、很有智慧的人。

12. 您这种修养是经过时间积累的，非常值得我们尊敬和学习。

13. 您的心态好年轻啊，和您交流感觉充满了活力。

14. 您选这些东西都是为了家人吧，您真是个很有责任心的人。

15. 您看起来精神矍铄，状态特别好。

16. 您的气质非常优雅，这种岁月沉淀下来的韵味是独一无二的。

17. 您的眼神中透着一种淡定和从容，这是年轻人很难拥有的。

18. 您的穿着很得体，既符合您的身份又展现出优雅的品位。

19. 尽管人多嘈杂，您却不抱怨也不争抢，真难得。

20. 别人碰倒了您的水杯，您还安慰对方，真是大度又宽容。

21. 您总是分享积极向上的事情，在您身上能感受到满满的正能量呢！

↓ 夸关怀

　　强调年长的客户对晚辈的关怀和责任，展现了你对积极社会价值观的认同，这样夸赞能够引发他们强烈的情感共鸣。例如夸赞一位年长的企业家对晚辈的关怀和培养，他会感到自己的付出得到了肯定，从而愿意与你建立更深厚的关系。

　　22. 您总是耐心地陪在孩子们身边，每当他们沮丧时都鼓励他们，太可贵了。

　　23. 您把自己多年积累的理财经验毫无保留地传授给我们，十分感激！

　　24. 你一直对我们后辈毫无保留的教导，助力我们在工作中飞速成长。

　　25. 您的经验和智慧是我们最宝贵的财富，感谢您在工作里对我们的悉心提携。

26. 每次遇到难题，您都倾囊相授，毫无保留地分享经验，帮助我们更快地成长。

27. 每次迷茫时，都是您的耐心陪伴与指导，让我们坚定地前行。

↓ 夸拼搏

年长者坚持前进和向上的精神本就是难得的，听到自己因此被称赞后，他们会感到自己的美好品质得到了认可。这就像给他们注入了一针强心剂，同时你的夸赞也会将这种积极的精神附加到自身品牌之上。

28. 您对新科技丝毫不排斥，我们都敬佩您不断学习的精神。

29. 您提出的创新方案展现了您勇于探索新领域的进取心。

30. 团队克服困难全靠您的带领，您不屈不挠的精神大家都很佩服。

31. 您都 60 岁了还重新创业，这激励我们所有人不断前进。

32. 您对社会的贡献，彰显了您持续回馈社会的高尚情操。

33. 您为公司绘制的宏伟蓝图，显示了您对未来的远见卓识。

34. 这次是您让我们有机会参与重要项目，实现了飞速成长，感恩您！

35. 您不断学习新知识，紧跟着行业趋势，我们年轻人都自叹不如呢。

36. 您这么大年纪了还亲自参与产品测试，我们更有底气了。

37. 您对客户意见十分重视并快速响应，这份耐心是年轻人少有的。

38. 您能如此冷静地应对危机，想必战胜过许多大风大浪。

当我们通过夸赞为客户带来满足感时，就像在双方之间搭建了一座情感的桥梁，良好的客户关系也会随之而来。处于满足状态的客户会对业务方案或提议有更高的接受程度，可能会对你产生更多的信任，从而愿意加深合作。

Part 3
与客户交往，
夸出客户的满足感

带着客户见领导，夸出他的能力

试试这样夸

从来都是自己主动去争取创造，而不是指望着别人取得成功。

> 叶先生从来都是自己主动去争取创造，而不是指望着别人取得成功。

她很自律，不是感情用事的普通人。

> 这就是罗女士。她很自律，不是感情用事的普通人。

她的努力和才华配得上她的任性！

> 严女士对菜肴要求很高的，不过她的努力和才华配得上她的任性！
>
> 我们一定会为您用心准备。

能力强还能体贴人，和他合作就是一种享受！

> 王先生专门帮我拿了水，他能力强还体贴人，和他合作就是一种享受！

夸客户这样说

↓ 夸业务能力

从客户的角度来看，被夸赞业务能力强会让他们感到自己的专业能力被尊重和认可。对于领导而言，知道公司有这样优秀的客户，会对公司的业务拓展和市场地位有更积极的认知，因为这表明公司有能力吸引高质量的客户。

1. 领导，王总谈判时逻辑超清晰，两句话就点明了方向。

2. 您瞧，吴经理审核合同细节一丝不苟，不会有问题的。

3. 何先生总能将项目进度把控得很好，会确保按时甚至提前完成任务。

4. 马总技术攻坚能力很强，上次的技术难题他三下五除二就解决了。

5. 蔡设计师才华非凡，从线条到色彩搭配都精心设计，提升了竞争力。

6. 梁女士亲自参与质量检测环节，确保产品高品质。

7. 宁先生创意好，执行力强，我们可以放心合作。

8. 曹总对市场趋势分析精准，是不可多得的合作伙伴啊。

9. 领导，这次新品发布会大获成功，正是韦小姐组织调度得好啊！

10. 马小姐对渠道开拓有奇招，这次拓宽市场她是首功。

↓ 夸管理能力

客户作为管理者，对自身的管理成果通常有一定的自豪感。夸赞他们的管理能力会让他们更愿意展示自己团队的优势，也会更积极地看待与乙方的合作。这样的夸赞会让领导更了解客户的管理优势，提供合作思路。

11. 对于公司团队文化建设，齐总的规划起到了不可忽视的重要作用。

12. 领导，于经理非常重视团队培训，大幅提升了团队的协作能力。

13. 唐先生在企业战略规划上很有眼光，制订的计划人人都夸。

14. 史小姐执行战略决策的能力很强，让她负责推动计划的落实没有问题。

15. 安经理对于市场机遇捕捉敏锐，可以有效创造增长点。

16. 面对危机，刘先生冷静果断，并不断完善机制，应对能力特别强。

17. 领导，您瞧上次咱们推进那个跨部门协同项目，范总的团队整合能力真令人佩服。

18. 上次参观姜总的团队办公区，那办公氛围和管理细节太出彩了。

19. 领导，孔经理的危机管控与资源协调能力堪称典范。

20. 吕先生的战略应变管理能力，让我们避免了很多损失。

↓ 夸人际交往

　　良好的人际交往能力通常意味着客户拥有广泛的人脉资源。对于社交方面有很强的才能的客户，在介绍的过程中就可以融入夸赞，这会让领导更直观地认识到客户对于公司拓展业务网络的潜在价值。

21. 乔小姐对于用户需求调研超用心，她最懂用户的心了。

22. 任先生处理投诉有耐心且解决问题的能力强，口碑特别好。

23. 领导，梁总维系商务关系的能力出色，总能带来新业务。

24. 武先生能满足用户的特殊定制需求，持续赢得用户信任。

25. 领导，跨部门会议上，白小姐沟通协调能力尤其出色，稳定推进了项目。

26. 领导，上次行业联盟大会上，金小姐如鱼得水，交际能力真是厉害！

27. 贺先生的沟通能力巧妙地打动了供应商，帮我们低价拿到原材料。

28. 领导，陶总统筹能力没得说，这次新品曝光全靠他把控。

29. 上次联谊会是谢总帮我们稳定住了长期合作的客户的心呢！

30. 上次咱们接待海外大客户考察团，许小姐能熟练地与外宾跨文化交流，令人钦佩啊！

31. 领导，咱们这次能这么高效地完成帮扶任务，全靠楚总凝聚人心哪！

↓ 夸综合实力

在双方沟通中引入夸赞，可以让领导了解到客户的综合实力，进而更准确地评估合作的风险和收益。同时也会让领导意识到你已经提前调研考察过客户的整体背景情况，对合作的把控更有信心。

32. 领导，上次咱们参与的那场激烈的行业竞标，吕经理可真是大放异彩，这次招标交给他绝对没问题。

33. 在他们公司今年的新品研发中，苏总主导全局，全流程有力驾驭。

34. 记得上次合作洽谈，彭总频出高招，谈判与商务运作能力很强。

35. 这次升级改造项目，雷老板扎实的技术功底，真是靠谱啊。

36. 上次突发的危机公关，没有孟哥真是解决不了。

37. 咱们行业标准的制定还得靠黄总把关啊！

38. 在高端定制产品服务领域，顾总的产品从来都是独树一帜。

39. 在企业重组并购的问题上，康总可以说是驾轻就熟。

40. 领导，尹总在新能源项目上的技术那可以说是国内顶尖。

41. 领导，创新是一种感觉，于总的产品从不过时！

带着客户见同事，夸出他的靠谱

试试这样夸

靠谱多金，温柔细心。

如果靠谱是最好的名片，那马先生一定有块金字招牌！

是安女士设计的，她真是靠谱多金，温柔细心。

这款定制手表真漂亮。

如果靠谱是最好的名片，那马先生一定有块金字招牌！

久仰大名。

承诺就像满月，总是如期而至。

他的承诺比地球引力都强。

汪先生答应的货款提前到了。您的承诺就像满月，总是如期而至。

解决了我们的燃眉之急。

尤先生答应帮我们供货。他的承诺比地球引力都强。

那我们就放心了。

夸客户这样说

↓ 夸合作

当客户听到别人在自己的同事面前夸赞他靠谱时，会觉得自己的良好行为得到了重视。让同事提前知晓客户的靠谱性，可以使团队成员在后续与客户合作过程中采取更积极有效的协作方式，并且更愿意主动配合客户的要求。

1. 同事们，肖总承诺按时开工，我们的合作肯定靠谱。

2. 楚总专业素养高，看法有条理，他承诺跟我们一起商讨优化合作方案就一定没问题。

3. 江总认真谨慎且平和，与他合作一直非常顺利。

4. 王经理项目筹备能力出色，一定能够帮我们打理好各方关系的。

5. 郝工可是资源调配大拿，我们的仓库交给他盘点绝对没问题。

6. 姜先生对于时间规划合理，会给我们留有余地，和他合作没有时间困扰。

7. 乔先生对于成本预算分析透彻，这次产品成本低还保证了质量。

8. 上次咱们负责的那个紧急项目，都是彭小姐帮忙推进完成的！

9. 上次合作遇到行业政策调整，全靠傅小姐操盘才避免了业务停滞。

10. 同事们，这么多年的长期合作，谢总对咱们的支持始终如一，感谢谢总！

↓ 夸专业

客户听到夸赞自己专业性强时，不仅会感到自己的价值得到了承认，也会感到对方是个专业素养高的团队。而同事们在了解到客户的专业性强时，也会对客户产生敬意。

> 11. 吴总的技术有口皆碑，而且从不藏私，一定能支持我们克服技术难题。
>
> 12. 刘总在产品设计沟通时总能提出实用意见，专业可靠。
>
> 13. 上次承接那个智能制造项目，技术难题像连环锁似的，多亏了桑总大显身手解决了难题。
>
> 14. 高女士在设计领域从业多年，之前就是她的设计案例帮我们突破了瓶颈。
>
> 15. 安总作为资深金融人，把一整套监管法规条文吃得透透的。
>
> 16. 鲍先生精通临床试验流程与标准，屡屡攻克临床试验的难关。
>
> 17. 蒋女士身为教育专家，为我们的课程设计提出了很多宝贵建议。
>
> 18. 袁总对各类交通设备接口、通信协议了如指掌，是非常靠谱的合作伙伴。
>
> 19. 聂女士凭借扎实的物理知识，研发出了续航更持久的电池。
>
> 20. 这位是咱们的技术顾问李总，上次那个设备难题就是他解决的。

↓ 夸保障

理解并欣赏客户的用心和可靠，这样的夸赞如果在行业内传播开来，无论是对客户方还是己方都有积极的影响。同时，也能让团队成员在与客户合作的过程中更加安心，更愿意积极地投入工作。

> 21. 曹总对于产品严格把控，质量监控上会给我们许多宝贵意见。
>
> 22. 于总的售后服务有口皆碑，值得长久合作。

23. 马总总是提前规划配送协调的工作，沟通及时，处理问题冷静。

24. 肖总对产品质量把控严格，确保我们收到的每一批货物都是高标准的。

25. 童经理提供的财务报表总是准确无误，这让大家对他的财务管理能力非常信赖。

26. 董先生在团队中的领导力和协调能力数一数二。

27. 程总有着极强的前瞻性和风险控制能力，对项目潜在风险有预见力和规避措施。

28. 杜经理对售后服务始终关注，让我们的客户感到非常满意。

29. 上次有个项目时间紧、任务重，是陈总坚定地稳步推进完成的。

30. 来认识一下李总，和李总的团队合作，图纸设计方面尽可以放心！

31. 这是王总，王总很擅长规避金融风险，为我们提供金融顾问服务肯定是没问题的。

32. 纪总对供应链的严格管理，让我们非常信赖。

33. 葛小姐的市场分析报告总是深入且准确，市场洞察力非常强。

↓ 夸责任

夸赞客户的责任感可以让客户更加忠诚于合作关系，将自己视为重要合作伙伴，在合作团队中营造积极向上的氛围，因为大家都不想在这样的客户面前表现不佳。夸赞时可以结合自身企业价值观，有助于建立更紧密的联结。

34. 钱总很有职业操守，重视知识产权保护，稳重踏实。

35. 田总对员工福利很关心，他公司的员工福利在行业内做得是很好的。

36. 闫女士在遵守行业标准方面向来以身作则，严格要求团队。

37. 这是任经理积极参与公益得到的证书，他真的是一个有爱心的人。

38. 同事们，汤总对企业社会责任积极履行，这是他们企业形象和品牌信誉的坚实基础。

39. 项总对员工培训资源的持续性投入，为我们的合作提供了人才基础。

40. 霍总对市场责任相当有担当，这是市场竞争力的基石。

41. 崔经理对产品质量把控严格，对客户需求理解深入，这是他们公司的核心竞争力。

42. 面对突发状况，岳总毫不犹豫地站出来承担责任并迅速解决问题，他的担当精神让我们对合作充满信心。

带着客户见亲友，夸出他的重要

试试这样夸

待人接物特温柔，而且真诚。

> 卫总待人接物特温柔，而且真诚。
>
> 谢谢您的夸赞。

我精神状态好，都是孙总的资源提供得好！

> 大姐，我精神状态好，都是孙总的资源提供得好！
>
> 我认识孙总还是太晚了呀！

有人送饭的温暖，那可不一般。

> 我给你们送饭来了。
>
> 阿姨太贴心了，有人送饭的温暖，那可不一般。

对于迷茫期的我来说，她就是我的救星。

> 这就是常姐，对于迷茫期的我来说，她就是我的救星。
>
> 那真是你的贵人啊。

夸客户这样说

↓ 夸工作助力

当你在亲友面前夸赞客户在工作中对你的助力时，会将客户塑造成一个有能力、乐于助人的形象。客户听到夸赞后会心情愉悦，也会让亲友觉得你是一个懂得感恩、善于发现他人优点的人。

1. 亲友们，薛总帮我们这次的项目引入了新投资，可是我们的大救星！

2. 费总是我们公司特别重要的合作伙伴，今年的业绩全靠他了。

3. 我每次遇到技术难题，找不到解决办法时，都是雷总给我提供一些创新的思路和方法。

4. 我之前对一个新趋势把握不准，孟小姐跟我分析了一通，一下子就豁然开朗了。

5. 我要特别感谢李经理，他的支持和信任对我们来说就像及时雨。

6. 王总的洞察力和专业精神对我们项目的推进起到了关键作用。

7. 陈总的资源对打开新市场至关重要，让我们更快地实现了业务目标。

8. 周总在团队建设和文化塑造上给予了我们很多启发，让我们的团队更加团结和高效。

↓ 夸生活帮扶

感恩客户的援助是基本道义，在亲友尤其家人面前提及，是将这份感恩具象化、公开化的表现，能彰显自身珍视他人善意并铭记于心的态度。客户听了能切实感知自身的付出受到了珍视，自豪于在他人生活中发挥了积极影响。

9. 爸爸，鲍先生经常鼓励我参加户外运动，我现在身体越来越健康了。

10. 妈妈，之前我工作忙没时间，邓姐还帮我照顾小狗呢。

11. 范老师经常给我分享一些生活智慧，让我少走了很多弯路。

12. 朋友们，我要特别感谢赵小姐，让我们一起举杯敬她。

13. 在这个特别的日子里，我想感谢王先生，他的智慧让我学会了如何平衡工作与生活。

14. 李女士不仅是我的商业伙伴，她还总在我需要帮助时伸出援手。

15. 今天我要感谢洪先生，他的经验让我对未来有了更多期待。

16. 在育儿这件事上我很感谢纪女士，她让我和孩子的关系得到缓解。

17. 我很感谢焦先生，他让我在个人成长的路上更加清晰。

18. 上次我家里房子装修出了岔子，就是张哥帮我参谋解决的。

19. 赵姐是我的客户，更是我的朋友，经常给我很多好的建议。

20. 朋友们，鲁姐在教育孩子方面给了我很多启发。

↓ 夸知识经验

　　在当今竞争激烈的商业环境下，客户所拥有的深厚知识储备与丰富的行业经验宛如一座宝藏。这种专业性是合作基石，值得珍视与宣扬。可以通过回忆具体情节去夸赞，并重温共同回忆。

21. 罗小姐善于分析市场形势，还教我如何控制风险，她的专业知识帮了我大忙。

22. 能与李博士合作是我的荣幸，他的丰富经验让我获益匪浅。

23. 赵先生在这个行业的经验无人能及，大家可以多向他请教。

24. 孙先生很懂我们的产品，让我们在开发过程中少走了许多弯路。

25. 刘总的经验是团队宝贵的财富，每一次分享都让我们受益良多。

26. 周总的经验和建议总是那么精准，拓宽了我们的认知。

27. 吴先生是我的客户，也是我的良师益友，他的知识和经验让我在职场上更加从容。

28. 郑总的经验支持是我们能够获得这个奖项的重要因素。

29. 郭总的每一次发言都让我们受益匪浅，对我们的决策有很好的指导作用。

30. 我要感谢祁先生，他的创新思维和丰富经验对我的生活和工作都很有启发。

31. 这位是我的客户郝总，他的专业水平永远让人心里有谱。

32. 曾姐可厉害了，她帮我分析项目流程问题，我感觉思路都清晰了。

33. 白哥是数据库管理方面的"大拿"，有什么不会的直接问他就行。

↓ 夸兴趣启蒙

在商业往来基础上，客户若能成为兴趣启蒙者，那便铸就了一种超越普通买卖关系的独特联结，客户会因这份特殊夸赞，视合作关系为留住美好回忆与成长印记的载体。夸赞时着眼于兴趣传播衍生的效果，放大客户启蒙价值与影响力。

34. 我之前对传统文化了解不多，后来是方姐让我发现了其中的魅力和价值。你们也可以与她多交流。

35. 尹先生不仅是我的好伙伴，更是我的艺术导师。

36. 贾总不仅在工作上支持我，还激发了我对摄影的热情。

37. 朋友们，我要感谢赵小姐，是她让我对绘画产生了浓厚的兴趣。

38. 王先生让我对古典音乐有了新的认识，我也开始学习小提琴了。

39. 胡总的户外探险经历让我对徒步旅行产生了兴趣，我最近去过了很多美丽的地方。

40. 乔女士对科技的热情点燃了我，研究科技让我很快乐。

41. 在陈小姐的带动下我也对音乐产生了兴趣，我有了新的爱好。

42. 我能为孩子做出这么漂亮的小衣服，要感谢宋小姐带我一起做针织品。

宴会上，夸出客户的自尊需求

试试这样夸

挫折是为了成长，磨难是为了更坚强。

> 我的公司之前元气大伤。

> 挫折是为了成长，磨难是为了更坚强。您现在也挺过来了！

没有低谷和坎坷，哪来的辉煌和骄傲。

> 这次项目真是九死一生啊。

> 没有低谷和坎坷，哪来的辉煌和骄傲。好在经过努力成功了。

您自信且谦逊，阳光而透彻。

> 您自信且谦逊，阳光而透彻，就像您此时的舞步一样。

> 哈哈，您真会夸人。

运气的天平偶有偏差，但终将回到有实力的人手里。

> 我练钢琴十几年了，这次终于拿到了奖。

> 运气的天平可能偶有偏差，但终将回到有实力的人手里。

夸客户这样说

↓ 夸能力强

在商业交往中，客户处于比较重要的地位，夸赞能力是对他们的一种尊重和认可，还可以增强他们面对压力时的信心，进而维护他们的自尊。在这种状态下，他们会更加开放和友好地与你进行商谈，也更容易接受你的观点。

1. 尊敬的韩老板，您一直是我们行业的翘楚，您的影响力和领导力，让我们都深感钦佩。

2. 霍先生对每一个细节的把控，都展现出了他的专业素养。

3. 大家看，咱们这个项目能这么顺利，多亏了耿老板的精准指导。

4. 郭总，您公司的管理模式一直是行业内的典范。

5. 哇，侯老板，您那些辉煌的成就可不是一般人能做到的。

6. 段小姐对市场趋势的敏锐洞察力，总是让我们望尘莫及。

7. 您提出的创新想法总是那么新颖又实用，您的思维真的很活跃。

8. 太感谢您了，您刚才帮忙解决那个问题，真的让我们豁然开朗。

9. 您的这些工作经验，就像宝藏一样。我们听了之后，感觉收获满满。

10. 李经理在社交圈子里的人脉和影响力真的让人羡慕。

↓ 夸有品位

在宴会这种社交场合，单纯夸赞业务能力可能会让客户感觉你只关注交易。而夸赞品质和品位能够让客户感受到你对他们作为一个完整的人的欣赏，这可以让夸赞更加立体、全面，也更便于拉近与客户的距离。

11. 从关小姐的穿搭可以看得出她的生活品位很高雅。

12. 听说您很喜欢赛马，这真的是一个很棒的爱好。

13. 您的那些旅行经历太精彩了，既开阔了眼界，也丰富了人生智慧。

14. 樊先生喜欢阅读，这不但是很好的放松方式，还能保持敏锐的思维。

15. 管先生在绘画方面的修养真的很高，我相信这也为他的工作和生活带来了很多灵感。

16. 听说您的厨艺很棒，有机会可以教我一下吗？

17. 我有幸去过孔女士家一次，那书房布置得古色古香，太有品位了。

18. 姚总在着装搭配上很有一套，每次见到他都是气质优雅。

19. 上次包小姐帮我们给宾客安排的菜品特别精致讲究，可有品位了！

20. 倪先生家中的花园，花草错落有致，水景灵动精巧。

21. 您在艺术鉴赏上造诣非凡，一看就经常参加画展。

↓ 夸魅力强

在宴会这样的社交场合，每个人都希望展现出自己最好的一面。夸赞客户有魅力，是对他们的形象、气质、性格等多方面的综合肯定，能够直接满足他们内心深处对于自我肯定的需求。夸赞时可以结合宴会中的具体场景。

22. 耿总今天在酒桌上风度翩翩，真的让大家都很羡慕。

23. 您真的很会关心人，您让这里的氛围更加温暖了。

24. 窦老师的人生经历真的很激励人，跌宕起伏堪比小说。

25. 您的幽默感太强了，今天我们一晚上都很欢乐。

26. 您的一举一动都散发着魅力，很高兴和您一起度过这段美好时光。

27. 您尊重他人、虚怀若谷的魅力，让团队凝聚力越来越强，合作起来别提多舒心啦！

28. 华先生的魅力可不止于工作场合，他篮球打得很棒，人称东城区"库里"！

↓ 夸有情义

在关系复杂的商业环境中，不乏善于算计之人，那些有情义的人更值得我们珍视。当我们点明并夸赞这点，就是把他们从普通商业伙伴身份，拔高到拥有高尚品格的伙伴的高度，强化他们的自我认同感，也能深化彼此的感情。

29. 面对恶意竞争，冯小姐熬夜也要陪着我渡过难关，我们情比金坚！

30. 大伙一起敬杨姐！这次推广联系广告位杨姐自掏腰包，感谢她的不离不弃、共担风雨。

31. 小赵有困难，您立马借钱救急，您真是暖到心窝里了。

32. 朱总和我的情谊可有年头了，我公司困难的时候就帮过我很多。

33. 之前甲方刁难我们，都是万总帮我们应对的。

34. 上次去万总那里出差，我病倒了，是他跑前跑后照顾我。

35. 之前招募测试人员，是魏先生亲自出方案，真心感激他！

36. 有一次合作方临时毁约，您第一时间赶来救火，这份情谊真难得。

37. 之前我们公司还弱小，是您无私扶持我们，我们才走到今天。

38. 殷总很有人文关怀，他从不苛责自己的员工。

39. 高女士有情有义，不贪功、重分享，她的团队超级有凝聚力！

推介时，为客户创造更多机会

试试这样夸

课题塞进去，论文就出来了。

如果没有机会，岂不是糟蹋了价值?

技能树都点满了，是时候展示一下了!

哪里需要支援，哪里就有她。

夸客户这样说

↓ 夸资源

　　夸赞客户的资源有助于引导第三个人朝着你所期望的合作方向思考，以获取更多的机会。同时让双方都看到与你合作是对他们自身资源的进一步增值，能够为他们带来更多实实在在的利益。

> 1. 王女士可是我们的优质客户，在行业内人脉广泛、资源丰富。
>
> 2. 今天给您介绍一下于总，他在咱们这行可谓是人脉"宝藏"！
>
> 3. 上个月柳总帮我们顺利过审，要不是他，这机会怕是要溜走了！
>
> 4. 苗女士帮我们引荐了优质资本，投资方背景特别强。
>
> 5. 在这个行业里，袁老板的号召力无人能及呀！
>
> 6. 章总在生活里人脉资源也是没的说！之前就是他帮我的孩子争取的特招机会，太让人感激了！
>
> 7. 龚老板帮我们的项目找到专业团队，他的资源整合力无人能比啊！
>
> 8. 肖小姐帮我联系到了金牌健身教练，几个月下来，我体态大变样！
>
> 9. 之前我家装修，安先生帮我找到设计师和施工队，真的很贴心！

↓ 夸才能

　　当你将客户介绍给他人时夸赞其才能，能够极大地提升客户在新受众眼中的形象，使其他人更愿意与客户合作，有助于客户拓展社交网络。夸赞时一定要用具体的事实和成果，也可以借助他人的评价来夸赞客户的才能。

10. 这位是李总，他那非凡的战略眼光和决策能力，人人都佩服。

11. 张老板的市场敏感度极高，总能提前布局，抢占市场先机。

12. 刘总在商务谈判中堪称高手，既能坚守底线，又能灵活应变。

13. 陈小姐是一位极具创意的设计师，她的作品总是充满独特的灵感和新颖的想法。

14. 这是周先生，他是一位多才多艺的设计师，他设计的作品注重细节，能将美学与功能完美结合。

15. 郑小姐善于捕捉生活中的点滴灵感，并将其融入作品中。

16. 王教授在机械制造上造诣很深，能为学术研究带来新的思路和方法。

17. 刘博士在自己的专业领域深耕多年，与他交流能接触到国际前沿的研究成果。

18. 赵老师是一位很有情怀的教育家，他的课程方案很专业。

19. 卞先生的编程能力毋庸置疑，他可是"大厂"出来的技术总监！

↓ 夸创新

在竞争激烈的商业环境下，创新能力是企业脱颖而出的关键。着重提出客户的创新能力会让听者瞬间捕捉到其独特价值，在同质化市场中显得格外耀眼，为客户吸引更多关注的目光，进而打开新合作、新机遇的大门。

20. 黎先生研发的智能穿戴设备，吸引了很多投资人的关注。

21. 顾总将传统产业升级，让原本暮气沉沉的工厂又走到行业前沿。

22. 吴小姐的新型陪伴教育模式大受欢迎，引领了教育行业新潮流。

23. 费小姐在美妆领域的创新宣传令人惊叹，她现在已经成为美妆界的知名主播了。

24. 给你们介绍一下郭设计师，他在房屋创意改造方面很有一套。

25. 在这里不得不隆重介绍贺工程师在物流配送方面的创新——革新配送生态系统。

26. 钱设计师在服装行业的创新玩法让人眼前一亮，请他来讲一讲吧！

27. 胡工程师开创性地研发了"全屋智能生态系统2.0"，成果斐然！

28. 凌小姐创新了激光美容技术，树立了美容行业服务的新标杆。

29. 赵先生的在线办公软件创新思路直击用户痛点，值得我们深思。

↓ 夸生活

在商业交往中，个人形象至关重要。一个有着良好生活习惯的人，往往会给人留下可靠、有毅力的印象，使他人更愿意与之建立联系，无论是合作关系还是社交关系。夸赞客户的生活，更容易让人对其产生靠谱的感觉。

30. 陈先生性格开朗，热情好客，总能迅速和大家打成一片。

31. 吴先生多才多艺，他不仅能歌善舞，还精通各种乐器。

32. 这位是周女士，她对各种文化艺术都有深入的了解。

33. 郑先生的幽默风趣早有耳闻，今日一见果然名不虚传。

34. 李女士非常注重生活品质，经常和朋友们分享自己的养生心得。

35. 张小姐可是生活艺术家，把家布置得温馨而又充满艺术气息。

36. 赵先生喜欢阅读、摄影、书法等各种艺术活动，有同样爱好的朋友可以多多跟他交流。

37. 刘女士热衷于旅游，足迹遍布全世界，我们请她介绍一些神奇见闻吧。

典礼上，让客户的荣耀更光彩

试试这样夸

他将挫折都丢掉，腾出地方种满鲜花。

黄先生获奖实至名归。他将挫折都丢掉，腾出地方种满鲜花。

感谢大家一贯的支持。

荣耀就在眼前，需要用全心去凝视它。

感谢大家为我举办庆功宴。

谢先生，从您身上我学到，荣耀就在眼前，需要用全心去凝视它。

无论前方是辉煌成就还是微弱光芒，她永远大胆前行。

无论前方是辉煌成就还是微弱光芒，她永远大胆前行。祝万姐开张大吉！

挫折是人生常态，但坚韧是他的专属！

感谢好朋友的认证。

江先生是一个值得托付的人。挫折是人生常态，但坚韧是他的专属！

夸客户这样说

↓ 夸本领

在典礼这种庄重且具有特殊意义的场合夸赞客户的本领和能力，可以突出其凭借自身卓越的实力达成非凡的成果。夸赞时要通过清晰的故事勾勒他的能力轮廓，有细节、有波折，凸显他非凡的本事。

1. 您的歌声犹如天籁，每一句都能打动人心。

2. 您在这部电影里的表演太精彩了，将角色演绎得淋漓尽致。

3. 您的着装总能引领潮流，每一次的亮相都让人眼前一亮。

4. 您的文字犹如灵动的音符，奏响了美妙的乐章。

5. 您的舞姿犹如仙子，灵动而优美。

6. 您的画作惊艳四方，深厚的艺术功底显露无遗。

7. 您的教学方法独特而实用，为学生们开启了求知大门。

8. 您深谙农耕原理，大家都叫您"田埂发明家"呢！

9. 您的营销手段能在竞争红海中掀起巨浪，无愧"营销传奇"之名！

10. 从用独到的眼光挑选题材，到以精准的魄力组建顶级团队，作为电影制片人您太成功了！

↓ 夸成就

用户的成就是其努力、智慧与才华汇聚的结晶，在典礼这种庄重且备受瞩目的场合夸赞这些实打实的成绩，是将他们幕后默默耕耘收获的"硕果"摆至台前，是对其汗水与智慧结晶的认可，助其站于荣耀的聚光灯下尽享殊荣。

11. 您销售过亿的业绩，足以让您当之无愧地站上这个领奖台。

12. 您培养了一批批优秀的学生，在教育事业上的成就有目共睹。

13. 您在赛场上的拼搏精神太让人感动了，为国家赢得了荣誉！

14. 您在慈善事业上的爱心就像一束光，照亮了那些需要帮助的人。

15. 公司能成功上市，要归功于您带领团队一路披荆斩棘。

16. 您的创业项目独具慧眼，未来的商业版图定会在您手中不断拓展。

17. 您的营销智慧让人佩服得五体投地，总能精准把握市场脉搏。

18. 您的宠物品牌以高品质的产品和贴心的服务赢得了市场的认可和宠物爱好者的喜爱，做得真是太出色了！

↓ 夸身份

　　客户在其工作身份中常需要付出诸多努力。当在典礼上点明其身份并夸赞时，会让客户感到自己在该身份下的工作得到了深度认可，也会增强客户对自身身份的认同感，更会对给予夸赞的公司或个人产生好感。

19. 向杰出建筑大师王老师致敬，本市的地标建筑就出自这位大师之手。

20. 为我们的教育界楷模、新华中学张校长喝彩，张校长桃李满天下，她的荣誉闪耀整个礼堂！

21. 孙博士是来自中国科学院的专家，他推动创新，改变了人们的生活，获此殊荣实乃必然！

22. 我们有幸请来了著名导演钱导，钱导的影片震撼人心，发人深省。

23. 吴总监曾就职于知名电视台，是行业内有名的节目策划人！

24. 我们一起恭喜资深媒体人郑总编获奖！

25. 刘行长不仅是我们金融界的翘楚，还是中国精算师协会的金牌精算师。

26. 冯老师曾荣获中国舞蹈荷花奖的古典舞大奖，这次很荣幸请到冯老师为我们颁奖！

27. 林先生毕业于鲁迅美术学院，是国家二级作家，这次他的作品获奖可谓实至名归！

28. 我们有幸请到知名财经类杂志主编黄先生，来主持今年的财经论坛典礼！

↓ 夸品德

在追求成就与荣耀的征程中，专业能力与斐然成果固然夺目，但高尚品德才是支撑一切可持续发展、赢得更大的尊重的根基。赞扬他们的品格可以凸显他们超越功利的人性光辉，还可以在更大的范围内强化榜样的示范力量。

29. 您把每一份合同都视作对合作伙伴的庄重承诺，并坚守诚信底线。

30. 您捐出巨资助力贫困学子圆梦校园，是您照亮了他们的求学之路。

31. 身为教师的您，对每个学生一视同仁、公平公正。

32. 面对同行恶性竞争、违规操作的乱象，您坚守正道，以清流之态捍卫了行业尊严。

33. 张医生拒收红包，廉洁行医，"白求恩式好医生"的称号当之无愧。

34. 这次赈灾募捐您第一时间响应，组织救援队伍奔赴一线，我们对您的品德由衷地赞扬。

35. 您救助流浪猫狗无数，给了它们一个温暖的家，对生命充满爱护。

36. 您作为前辈，毫无保留地向后人分享技术秘诀、创业心得，这种提携后辈的豁达品德是行业中珍贵的存在。

37. 您在技术大会上分享了大量案例，感谢您的无私指导。

38. 李总为贫困地区的社区医院自掏腰包捐献器械，他的品德照亮了整个捐赠活动现场。

39. 王总为甘肃山区的一所学校捐赠了500册图书，丰富了孩子们的课外阅读。

40. 万总面对对手以德报怨，为整个行业树立了道德的标杆。

41. 梁女士在员工危难时刻出手相救，让我们感受到了她的责任感。

42. 孙总无私帮助同行的事迹，激励着我们每一个人。

↓ 夸团队

　　个人的荣耀往往并非孤立取得，背后离不开团队的协同发力。赞颂客户的团队可以展现出客户个人的成就有强大的团队作为根基，会使荣耀更具厚重感、普适性，还能侧面印证其卓越的领导才能与团队融合能力。

43. 在材料科技领域，您带领的团队宛如一群无畏的拓荒者。

44. 您麾下的营销团队，好似一群战无不胜的雄狮！

45. 您率领的医护团队坚持守护在生命的第一线，用热血与担当筑起生命防线。

46. 今天您带领的教师团队荣获"杰出教育贡献团队"称号，在育人之路上播洒希望，绽放光芒。

47. 这次您率队获得冠军，您的团队真是优秀。

48. 您的创作团队为我们呈现出一场震撼心灵的艺术盛宴！

49. 您带领的助农团队就像乡村的"财神"，助力乡村经济腾飞。

50. 您的工程团队凭着过硬的技术与严谨的态度赢得"工业匠心团队"的美名，挺起了制造人的脊梁。

51. 您的研发小组夜以继日地攻克代码难题，保证了系统准时上线。

52. 您的投资团队在复杂的金融浪潮中稳扎稳打，为客户的资产实现稳健增值，斩获"年度卓越投资团队"殊荣。

53. 您的建筑设计团队将创意与实用完美融合，仿若梦幻造城师。

当我们与客户进行业务来往时，可能会面对复杂的业务环境，因此需要使用不同的夸赞技巧来应对各种情况，从保持业务往来的灵活性和适应性。学习和实践不同的夸赞技巧，也可以提升我们的沟通和人际交往能力。

Part 4

夸人有技巧，有的放矢更有效

"细节＋感受"：具象化夸人

试试这样夸

能不能教教我你是怎么自带仙女滤镜的?

那是因为您给我剪得漂亮啊!

你的头发美得自带氛围感，能不能教教我你是怎么自带仙女滤镜的?

您的眼神很温柔，看得我心都化了。

很荣幸作为特邀老师为大家讲课!

能请到您才是我们的荣幸。您的眼神很温柔，看得我心都化了。

我对您的喜爱就像开车上山——轰轰烈烈!

没想到这么多人喜欢我的画。

因为您太有才了!我对您的喜爱就像开车上山——轰轰烈烈!

在您这精湛的手艺下，这哪是什么工艺品，简直就是艺术品。

跟着您学习太荣幸了，在您这精湛的手艺下，这哪是什么工艺品，简直就是艺术品。

夸客户这样说

↓ 夸形象

形象细节宛如一扇窗，能让他人直接窥视到被夸赞者的特质与风采，相较于泛泛而谈，基于切实可见之事细节的夸赞，能让人感到并非敷衍客套，而是由衷发声。结合自身感受去夸赞，也更容易搭建与对方心灵的相通之桥。

1. 您穿这条裙子气质高雅如模特，身材更显高挑苗条，肤色也更显白皙透亮，美极了！

2. 您今天的穿搭超有品位，时尚舒适又有活力，很出彩！

3. 您今晚的礼服完美展现了身材曲线，高贵典雅，像童话中的公主！

4. 您眼光独到，选的项链独特、有艺术感，能凸显您的气质魅力！

5. 您做完护理后皮肤光滑细腻，又白又嫩又有光泽，颜值超高！

6. 这新发型太适合您了，凸显出脸部的优美线条，让您更加精致动人，好看极了！

7. 您身着剪裁合身的西装，每个动作都展现着您对这次活动胸有成竹。

8. 您用餐优雅有修养，气质吸引人，和您用餐感觉太舒服了。

9. 您在图书馆看书时专注安静，让氛围都更融洽了，祝您阅读愉快。

↓ 夸举止

每个人的行为模式都有独特之处，日常不经意间展现的细微举止，或许藏着可贵的品质。通过观察每个小动作背后隐藏的善良、体贴等品质，能精准捕捉到易被他人忽视却珍贵的闪光点，使夸赞别具一格、更显分量。

10. 您与人握手时目光诚挚，这亲和力都把我迷住了。

11. 当那位年轻画家分享她的创作时，您微微侧身面向发言者，动作细节透露出您对艺术和创作者的尊重与珍视。

12. 您将书包文具递到孩子手上，轻轻拍拍孩子的肩膀给予鼓励，让孩子们感受到您的真诚。

13. 您款步走来，宛如璀璨星辰一样，一下子就吸引了周围人的目光。

14. 报告厅里，您坐在前排，拿着笔记本认真记录，比学生们都认真。

15. 您进厂来视察生产进度，亲切认真地和每个工人耐心地交流。

16. 您手持修复工具，动作细微谨慎，以极致的细心守护历史瑰宝。

17. 您蹲下身子，帮一位小学生整理衣角，诠释了何为育人温情。

↓ 夸特质

　　每个人都具备独一无二的外貌、性格、习惯等特征，聚焦这些细节进行夸赞，能精准捕捉到对方区别于他人的闪光点。这种夸赞犹如一面"美颜滤镜"，将对方的独特之处放大、美化，清晰映照出其自身价值，让被夸赞者有一种意外之喜。

18. 您毅力超强，常来健身且认真努力，自律性真高，难怪身体状态好，正能量满满。

19. 您工作效率极高，短时间内能出色地完成复杂任务，非常了不起。

20. 您善于沟通交流，提出的话题有趣且有深度。

21. 您的耐心与亲和力是无形的纽带，让晚会充满欢声笑语。

22. 面对复杂的线路图，您迅速攻克难题，真的太有钻研精神了。

23. 这次谈判您能言善辩，化解了僵局，这是您处变不惊的能力的体现。

24. 您的服务周到细致，用热情、耐心安抚人心，在炎炎烈日下，成为考场外一道暖心的风景线。

25. 您的责任心让人放心，每次都要沿着生产线逐一检查产品。

26. 您凭借热爱与专注，让古老技艺在指尖"复活"，对传统文化的深厚情怀让人动容。

27. 您救助小动物的动作熟练，让爱心成为无助的生命的避风港。

28. 您对每件事情都会详细记录，对待工作的认真劲儿真让人钦佩。

29. 您在餐厅还随手把垃圾归置干净，这种好习惯很难得。

30. 感谢您对服务员摔了盘子的包容，您的涵养真好，我们会马上重新给您上一份新菜作为补偿。

↓夸才智

对才能和智慧细节关注并夸赞，传达出"我看到了你的努力、天赋与智慧"的意思，是对对方付出的心血与实践的尊重与认可。这是一种高级的细节夸赞方式，也会被视作有洞察力、懂欣赏、情商高。

31. 您很有眼光和决断力，选的手机性能、配置都很高，定会带来好体验。

32. 您挑家具眼光独到，用心考虑细节，可见您十分注重生活品质。

33. 您购买生活用品时很理性，按需求选购，消费态度值得称赞。

34. 上次面对新品推广的难题，您凭借深厚的市场洞察能力，迅速剖析竞品优劣，不愧是团队里的"智多星"！

35. 野外生存这方面，您属实是高手，危急时刻稳如泰山！

36. 您用破布料缝出时尚挎包，变废为宝玩出新花样，匠心独运又心灵手巧。

37. 在线上学术论坛上，您旁征博引、条理清晰地阐述见解，折服了众人。

38. 您凭借日常积累的生活常识与维修技能，几下就解决了漏水的问题，真是很棒的生活智慧！

39. 您凭借高效的数据处理能力，快速统计分析出问题所在。

40. 您作为排球队的核心，盘活了全场的进攻节奏，带领球队逆转取胜！

41. 在航班延误主持人无法按时到场时，您运用良好的沟通协调能力，让忙乱的会议重回正轨。

"当下 + 感受"：把握时机夸人

试试这样夸

您的微笑和晴朗的天空，都在提醒我要热爱生活。

你的热情就像风穿过云层。

> 我很乐意陪您看房呢。您的微笑和晴朗的天空，都在提醒我要热爱生活。

> 那是因为你练得认真。你的热情就像风穿过云层。
> 教练，您之前教我的方法真好用！

家财万贯难触及，您的满意就是我们最好的礼物。

勤恳做事，踏实有趣，您真是每一分钟都活得精彩！

> 家财万贯难触及，您的满意就是我们最好的礼物。
> 你们家的蛋糕既精致又好吃。

> 勤恳做事，踏实有趣，您真是每一分钟都活得精彩！
> 我要让代码"跳起舞来"！
> 001011000011

夸客户这样说

↓ 夸时尚

时尚不仅仅是外在装扮，更代表着客户当下的生活态度、审美情趣与社交符号。从时尚角度结合感受夸赞，精准对接其内心追求，表明你洞悉其时尚"小心思"，对其品位予以认同。

1. 您穿这件衬衫气质超优雅，把简约风驾驭得特好，还是您时尚品位高。

2. 您选的蛋糕真可爱，和您一样甜。

3. 您品手冲咖啡很专业，能尝出风味层次，有品位还会享受生活。

4. 您这身复古牛仔套装简直就是街头时尚典范，可太"吸睛"啦！

5. 您刚刚穿着这身闪光服跳劲舞，一下子就被您"闪"到了！

6. 哟，您这剪裁利落的修身西装，站在这高端写字楼里气质太出众了！

7. 这场露天音乐节的所有歌手里，只有您自由不羁的歌声一下就吸引了大家的注意力。

8. 在这美丽的海滨度假胜地，您的气质就像海滨精灵一样！

9. 我看到您坐在工业风装修的店内，喝着咖啡，浑身散发着青春活力又不羁的潮咖范儿。

↓ 夸礼仪

礼仪是个人内在修养的外在表现，在人际交往中，客户举手投足间遵循礼仪规范，体现其良好的家庭教养、文化底蕴和自我约束能力。对礼仪的赞美和重视也更符合商务合作语境，关乎企业形象与合作体验。

10. 您礼貌、有耐心，还始终面带微笑，为大家带来好心情。

11. 您等待时翻杂志样子也很迷人，感谢您耐心等待。

12. 您认可我们的美容师，让我们很开心。

13. 您雨天为陌生人撑伞，善良助人，值得学习赞扬。

14. 这场高端商务晚宴上，您一入场就自带优雅气场。

15. 大厅里原本忙乱的氛围，因为您的出现变得温馨有序。

16. 您进来后轻手轻脚找位落座，给孩子们做了最好的榜样。

17. 用餐高峰，您不急不缓、安静有礼，还真诚夸赞菜品与服务。

18. 您提前到场，观看文艺汇演时全神贯注，展现出了较高的礼仪素养。

19. 您带来的这些展品，即使与那些大师的画作相比，格调和技巧上也丝毫不逊色。

20. 您对室内装修的要求我理解了，北欧简约风确实很有品位呢。

21. 中心公园的花圃园是您设计的呀？简直是公园里最美的存在。

↓ 夸智慧

　　对客户智慧的夸赞可以契合多元场景需求，无论是商务洽谈、学术研讨，还是日常社交聚会，智慧的光芒都能穿透场景局限，成为推动互动、解决问题、升华交流的关键力量。

22. 面对新能源领域未来走向的激烈探讨，您一番鞭辟入里的剖析简直让人拍案叫绝！

23. 公司项目陷入僵局，您以四两拨千斤之势化解危机，像一位沉稳的"棋局大师"。

24. 众人都对市场忧心忡忡时，是您用独到的投资智慧拨开迷雾，让大家豁然开朗、受益良多。

25. 面对旅途中的变数，您迅速调整心态，展现出游刃有余的生活智慧。

26. 之前您仔细帮我分析盈利模式，用睿智助我破局，真的很感谢您。

27. 您将晦涩的艺术化为生动的故事，用智慧打开审美的大门。

28. 上次商业谈判对方来势汹汹，可您不慌不忙，凭借对市场行情的了如指掌，巧妙周旋。

29. 您在赛前准备阶段仔细研究规则细节，最终获胜，真是一位聪慧的选手！

30. 面对游客对文物背后的诸多疑问，您对典故信手拈来，犹如"文化传播大使"。

↓ 夸格调

格调反映了一个人对生活品质的追求、审美趣味的偏好以及内在价值观，更承载了一个人的深厚文化底蕴与精神追求。客户被夸赞时会感到如同获得"品质勋章"，可以增进彼此情谊的亲密度，提升社交质感。

31. 您选书有品位，热爱阅读，有内涵，阅读感悟也很深刻。

32. 您对画的见解深刻，艺术修养高，简直像艺术评论家。

33. 您听音乐会的专注令人感动，音乐会因您这样的听众而更有意义。

34. 您点菜有眼光，能品出其中美味，真是一位懂得品味生活的美食家。

35. 您对音乐品位的执着，对仪式感的注重，实在令人赞叹。

36. 您深厚的文化底蕴彰显了您对知识生活的极致追求，这一点通过您书房的格调就可以看出来。

37. 茶香氤氲里尽显您的品茶之道，您堪称"茶界雅贤"。

38. 您家客厅的布置融合多元艺术，兼顾舒适与美学，生活品质卓然不凡。

39. 您的花园精心雕琢，顺应自然又富有艺术感，显示出您在园艺格调方面的造诣。

40. 您熟练操控游艇，与宾客分享航海趣事，潇洒不羁且很有格调。

41. 您拍摄的每一张照片都有灵魂、有深度，显示出您对影像品质的极致追求。

42. 今天您穿一袭拖地的晚礼服，言语谦逊有礼、见解不凡，诠释了高尚的品质内涵。

"回忆＋感受"：回忆式夸人

试试这样夸

你之前青涩却坚定的话语仍然在我耳边，好像昨日重现。

> 恭喜你！你之前青涩却坚定的话语依旧在我耳边，好像昨日重现。
>
> 老师，谢谢您的帮助。

那些被岁月打磨过的日子，是我们共同的宝藏。

> 那些被岁月打磨过的日子，是我们共同的宝藏。祝您度假愉快。
>
> 这次项目能成功真的不容易啊。

还记得在那个小办公间，您充满活力的身影多么青春洋溢。

> 您工作一直这么努力，还记得在那个小办公间，您充满活力的身影多么青春洋溢。
>
> 是啊，放弃不是我的性格。

时间是最好的作者，会为您书写出最好的结局。

> 时间是最好的作者，会为您书写出最好的结局。
>
> 我写书写了十年了……

夸客户这样说

↓ 回忆交往过程

回忆和主观感受能拉近与客户的距离，主观感受也能传达出你对客户的关注。当你分享和客户有关的回忆时，是在和客户一起回顾共同的经历，这会让客户有一种被重视的感觉，他们更有可能成为忠实客户。

1. 我还记得去年的时候你才说想要开始学韩语，没想到现在你韩语说得像当地人一样了，好佩服你啊。

2. 想起您刚加入时，因为缺乏锻炼，运动很吃力，但您从未放弃，现在身材变得超好！

3. 您是我们店的忠实顾客，我很荣幸见证了您在这里所有的美好时光。

4. 记得您第一次来时，我们就交流了很多有趣的话题。

5. 您是咖啡店常客，现在您已经是品咖啡的高手了！

6. 记得刚开始练习时，您的身体柔韧性和平衡力不好，但坚持练习后，您的身体变化很大呢！

7. 回想起您第一次咨询时对瑜伽充满好奇，现在您是资深爱好者了。

8. 您刚开始养宠物时不熟练，现在已经称得上经验丰富了。

9. 回想起第一次见面时，您和蔼可亲的笑容就让我感到非常温暖。

10. 我还记得我们讨论时的情景，您的专业见解让我们的产品改进不少。

↓ 回忆购买经历

回忆过去的购买经历能表明销售人员对客户的留意并非一时兴起、浮于表面。真心的夸赞可以消弭生意上的隔阂，当客户被夸有眼光、懂行，客户潜意识中会强化产品适配自身的认知，利于催生复购，形成长期客源，客户也很可能化身为你的产品的"代言人"。

> 11. 您刚开始对产品效果有疑虑，可抱着试试的心态坚持用完之后，肌肤状态大幅改善！
>
> 12. 您之前对穿衣搭配还不擅长，但现在您已经是穿搭高手了。
>
> 13. 第一次看车时您对车型不熟，不过现在您已经是汽车达人了。
>
> 14. 您刚开始只注重花的外观，现在您对花卉的理解越来越深入了。
>
> 15. 您第一次选珠宝时犹豫不决，现在可是一眼就能看准了。
>
> 16. 记得第一次买手机时您对功能参数不熟，但现在能信手拈来了。
>
> 17. 回想起您第一次走进我们的店铺，您对产品的好奇心让我印象深刻。
>
> 18. 回想起上次的订单您的选择那么坚定，感谢您一直以来的信任。
>
> 19. 您上次分享的使用体验，让我们团队都深受鼓舞。
>
> 20. 上次您提到的产品细节问题，我们后来都一一改进了，您的关注让我们的服务更加完善。

↓ 回忆良好印象

在商业合作中，甲方处于主导地位，乙方基于回忆独特的经历来夸赞甲方给自己留下的美好印象，可以精准捕捉甲方的闪光点，甲方将感受到乙方是并肩作战、懂得感恩的伙伴。这样做能让甲方在后续同行交流、行业分享时同样褒奖乙方。

> 21. 第一回见您的时候，您那气场沉稳又大气，我就知道找对人了。
>
> 22. 上次汇报方案，我磕磕巴巴，您也耐心听完，真是暖到我心坎里了。

23. 实地考察时路不好走，您却带头走在前面，一点儿没有领导架子。

24. 您讲规划时激情满满，瞬间燃起了大伙的斗志，真有号召力。

25. 您稍做提点，难题就迎刃而解，不愧是行家呀。

26. 工期紧张那阵儿，您天天守在现场，项目能按时完工，全靠您盯着。

27. 挑合作单位都靠您火眼金睛，这眼光不服不行。

28. 改方案时感谢您帮我指方向、出主意，不然我都抓瞎了。

29. 设备故障时您第一时间协调资源抢修，展现了您超强的应急能力。

30. 您派任务时简明扼要，重点突出，我们执行起来特顺畅。

↓ 回忆合作经历

　　回忆合作中的具体事件能够展现出双方合作的深度和历程。当你提及过去共同面对的困难、取得的成就时，就表明你们共同经历了诸多风雨，关系并非浅尝辄止。这样的夸赞凸显了对方的独特贡献和与众不同的品质。

31. 还记得刚组队那会儿，您揽下最难的任务，真有担当！

32. 上次讨论方案时，您脑洞大开，提出的点子新奇又实用，太棒啦！

33. 咱们赶进度的时候，您天天早来晚走，这股拼劲够硬气！

34. 有一回数据出了岔子，您熬夜核对，眼都熬红了。

35. 做市场调研，您靠着人脉找来好多关键信息，帮了我们大忙啦！

36. 合作中意见不合，您总能心平气和地讲想法，沟通能力杠杠的。

37. 技术难题卡壳，您闷头钻研，几天就攻克了，实力藏不住哇。

38. 面对甲方刁难，您不卑不亢地回应，巧妙化解了分歧，真有您的！

39. 协调资源时，您四处奔忙，各方都理顺了，盘活大局都靠您！

"他人评价＋赞美"：间接式夸人

试试这样夸

我不是诸葛亮，可她真是"神仙人物"。

给您推荐刘女士，我不是诸葛亮，可她真是"神仙人物"。

那辛苦您明天帮我引荐一下。

这次你能升任经理，是刑师傅推荐的！

小崔，这次你能升任经理，是刑师傅推荐的，他总说你堪当大任！

以后我得对邢师傅更用心才行。

程女士太美了，我这个女生看了都心动！

之前我同事和我说，程女士太美了，我这个女生看了都心动！

没想到你们都这么认可我。

洪小姐唱得也太好了，还以为是原音重现！

刚刚我同事诗婷还和我说，洪小姐唱得也太好了，还以为是原音重现！

夸客户这样说

↓ 工作夸客户

对于合作方的夸赞，客户难免会存疑，怀疑对方有讨好、夸大之嫌。相较于自己直接夸赞，转述他人的话语显得更客观公正。并且在重要工作场合中，口碑传播至关重要，借他人夸赞展示其口碑资本，客户也会倍感惊喜。

1. 李哥，刚才王总还夸你每次开会前总是能提前到会议室做准备呢。

2. 大哥，您这需求一提，我同事就说您特懂行！

3. 姐，每次沟通您都特别有礼貌，领导说跟您合作特别舒心。

4. 老板，您对细节抠得那叫一个严，大家都夸您厉害！

5. 您做决策真果断，不拖泥带水，小方可佩服您的魄力啦！

6. 先生，您知识面广，聊啥都懂，他们都说跟您交流长见识啦。

7. 您品位真好，玲玲说您每次定的方案风格独特又出彩！

8. 领导，文文告诉我您规划项目思路特清晰，方向把得稳稳当当。

9. 大哥，您人脉广，马总告诉我您帮忙牵线搭桥，给咱们的业务添了不少助力。

10. 姐，您的想法真新潮，做测试的时候用户告诉我您的创意让界面有亮点了。

11. 先生，您带队风范足，凝聚力强，项目组都觉得跟着您干劲满满。

↓ 日常夸客户

在日常休闲场合夸赞客户有助于打破单纯的商业关系，建立更深厚的私人情谊，借他人之口来夸赞也可以让夸赞更自然地融入对话。与此同时，良好的私人关系在一定程度上也可以为业务往来提供助力。

12. 哥，教练说您打球这身手，矫健得像专业运动员，太厉害了！

13. 我们小组都喜欢吃您做的饭，随便做道菜都香得大伙直竖大拇指！

14. 那位围棋老师跟我说，您下棋妙招频出，尽显高手风范。

15. 阿姨，您跳舞动作轻盈优美，旁边别的阿姨都夸您！

16. 您的音色真漂亮，唱歌时高音轻松飙上去，声乐老师都被您惊艳了！

17. 大哥，您玩滑板时技巧花样百出，那几个小姑娘一直夸您帅！

18. 女士，您画画勾勒几笔，意境就出来了，大家都对您赞叹不已。

19. 大哥，您如此自律，健身教练都夸您棒啊！

20. 您养的花，每一朵都娇艳欲滴，园艺师傅刚刚也为您点赞！

21. 您做的手工饰品精致得很，办公室的女孩子拿去当手办了呢！

↓ 社交夸客户

当你在社交场合传达他人对客户的赞美时，实际上是在帮助客户提升其在社交圈中的形象。这会让客户在其他人眼中留下更好的印象，满足客户的社交心理需求，这种积极的口碑传播也有利于吸引更多潜在客户。

22. 小李刚才还在说，每次聚会您一到，场子瞬间热乎！

23. 李姐跟我说您的朋友遍布各行各业，人脉广得没话说！

24. 谁都说王总谈事时会拿捏气氛，控场能力是一绝。

25. 有您在的饭局从不冷场，同事都说您是幽默大师。

26. 您这么热心肠，同事们都可喜欢和您待在一起了。

27. 领导说您情商高，社交能力极强。

28. 梁总说您从不抢风头，但关键时刻，一开口就能镇住人。

29. 吴姐拓展人脉像开了挂，主管夸您厉害着呢。

30. 别的客户说您与人相处从无架子，朋友自然围了一圈又一圈。

31. 您不管啥圈子都融得进去，我朋友说您很有社交魅力。

↓ 多元业务夸客户

在向客户引荐新业务或提议跨界合作时，客户对陌生领域往往心存疑虑。若你直言夸赞其在新业务方向的潜力，客户会更相信自己的适配性，降低对尝试新业务的抵触，并且借他人视角抛出的夸赞"诱饵"，更能勾起客户好奇心。

32. 咱这客户有魄力，我同事都夸他市场风向把握得准！

33. 我们领导说过，李总做事敞亮，跨业务联手错不了。

34. 我这客户人脉广得很，各行各业都熟，合作过的人都夸他！

35. 王先生的信誉那是响当当，大家都说和他合作就图个踏实。

36. 小刘脑子灵得很，我老板说他新思路跟泉涌似的。

37. 张总特实诚，跟他合作的都说他需求讲得明明白白，配合度超高。

38. 李总格局大，着眼长远，同事说和他合作有奔头。

39. 张先生的执行力超强，都说与他合作效率超级高！

40. 咱客户为人热心肠，业界口碑极好，跟他合作朋友都能多交些。

41. 我这位设计师伙伴很有创意，大家都说他"脑洞大开"还接地气。

"对比＋赞美"：比较式夸人

试试这样夸

您的安慰对我心灵的净化程度比净化器还强。

> 每次和您聊天，您的安慰对我心灵的净化程度比净化器还强。
>
> 你有受益我也很开心。

别人用春风形容温柔，而我用您形容温柔。

> 您真知性。别人用春风形容温柔，而我用您形容温柔。
>
> 您挑的这件衣服也帮我出彩了。

你是比太阳更明亮的存在啊！

> 你真的太棒了，你是比太阳更明亮的存在啊！
>
> 老师，我的演奏获得了一等奖！

在众星云集的世界里，你是最闪耀的那一颗。

> 一定会的。在众星云集的世界里，你是最闪耀的那一颗。
>
> 我有机会成为明星吗？

夸客户这样说

↓ 直接对比

在商业环境中，客户往往希望知道自己在竞争中处于什么位置，通过直接对比，能够直观地凸显客户的优势，让客户清楚地看到自己的闪光点。而且直接对比的夸赞方式比一般的夸赞更有冲击力，会让你在客户心中更有记忆点。

1. 别人提需求含糊，您条理清晰，一下就点明要害，太专业了！

2. 好多客户改方案拖拖拉拉，您雷厉风行，效率甩他们几条街。

3. 有些甲方付款像挤牙膏，您特爽快，和您合作没顾虑。

4. 普通客户给我们反馈时遮遮掩掩，您敞亮得很，沟通特顺畅。

5. 别的客户抠细节却没重点，您抓大放小还顾全局，眼光就是独到。

6. 不少甲方遇事推诿责任，您敢作敢当，跟着您干踏实。

7. 有些客户协调资源慢吞吞，您却手到擒来。

8. 多数客户对新点子畏畏缩缩，您大胆尝新，创新魄力远超旁人。

9. 有些客户谈合作藏着掖着，您坦诚相见，高下一眼看穿。

10. 普通客户对市场反应慢半拍，您嗅觉敏锐，先机尽握。

↓ 时间对比

客户在经营或个人发展过程中，往往会经历一系列的变化。通过对比其前后不同状态，可以清晰地呈现出客户所取得的成长，也能够反映客户在一段时间内所付出的努力。

11. 记得初次合作您常纠结，现在您决策果断，进步飞速！

12. 早前您的预算总是有些紧，现在公司蒸蒸日上，手笔大方多了。

13. 刚合作时您计划常变，现在您稳扎稳打，规划越来越靠谱。

14. 现在您对于项目的核验更客观也更成熟了，眼光和态度的转变太赞啦。

15. 起初您跨部门协调时有些费劲，如今整合资源顺风顺水，能力变强太多啦。

16. 以前拓展市场时我们都很迷茫，现在您的策略越来越精准，对行情把控得那叫一个稳。

17. 起初您对我们的新点子很排斥，现在创新意识变强了很多呢。

18. 您早前选供应商总是被行业乱象干扰，现在挑选精准多了。

19. 您刚开始做数据统计时稍显混乱，现在严谨又细致，工作质量稳定提升。

20. 刚接触时您的需求模糊，如今您的专业度有了大幅提高。

↓ 情景对比

　　客户在不同情境下的状态变化反映了他们能够灵活应对各种情况。另外，不同情境可以展现客户不同方面的优势，当客户看到自己在不同情境下的良好表现被对比夸赞时，他们会对自己的优势有更深入的理解。

21. 项目工期突然缩短，您还能安排得井井有条，太牛啦！

22. 预算卡得这么紧，您推进方案依旧平稳，真有水平。

23. 您完全扛住了市场波动，决策十分果敢。

24. 在人手临时短缺时，您带着团队扛住压力，工作照样不出差错。

25. 上级的要求临时大改，您推进的速度也一点儿没受影响，厉害！

26. 竞品疯狂打价格战，您却坚守品质，客户照样只认您家。

27. 您对行业新规边学边用，做得滴水不漏，了不起。

28. 合作方临时变卦，您也能马上补救，计划仍完美落地，真靠谱。

29. 原材料供应短缺，您的生产进度也一点儿没落下。

30. 线上流量骤降，您就靠线下发力，营收噌噌往上涨，真有办法。

31. 旺季订单扎堆的时候，只有您一家能做到服务质量不打折。

↓ 夸张对比

在众多的夸赞信息中，普通的赞美很容易被客户忽视，而夸张的对比能制造强烈的反差，因为这可以更生动地展现客户更具竞争力的优势。夸张对比的夸赞方式也能够吸引客户的注意力，让他们更加关注你所说的内容。

32. 您这眼光，比专业鉴宝师还毒，挑的方案那叫一个绝！

33. 您的点子噼里啪啦地冒出来，跟烟花似的，比创意大师还强，让人拍案叫绝！

34. 您比将军下指令还果敢，风驰电掣，项目推进全靠这股劲儿。

35. 您的耐心比老工匠打磨珍品还足，细节把控严丝合缝。

36. 论格局，您比山海还宽广，大气磅礴。

37. 办事效率上，您就像发射火箭，从不拖泥带水。

38. 您的沟通能力比主播还强，三言两语氛围就热络得很！

39. 您看问题的深度，比钻井探石油还厉害，一下就挖到了根儿上。

40. 您的信誉就是金字招牌，比银行保险柜还安全，让人特别放心！

在商业往来中，客户每天会接触到众多的服务人员或合作伙伴。如果只是使用千篇一律的夸赞方式，则很容易被客户忽视。别出心裁的高段位夸赞将会让我们在众多的声音中脱颖而出，触动客户的内心世界。

Part 5
夸人要有高情商，
夸出高段位

"彩虹屁"好过谄媚的"拍马屁"

人美嘴巴甜，一看就是不差钱。

您这边的香水每次都能吸引我。

金小姐您人美嘴巴甜，一看就是不差钱。

稍微有点帅就行了，不必帅得如此让人神魂颠倒。

明瑞，你稍微有点帅就行了，不必帅得如此让人神魂颠倒。

桃桃真会夸人。

您能力这么强，用世间所有的褒义词形容您都不过分。

您能力这么强，用世间所有的褒义词形容您都不过分。

这季度我们的销量提升很多。

草莓冰激凌都没你甜，你是什么级别的小可爱啊！

小姑娘更讨喜了。草莓冰激凌没你甜，你是什么级别的小可爱啊！

阿姨好！

夸客户这样说

↓ 夸外貌

在与客户初次接触时，外貌赞美是一种很容易打开话题的方式。通过"彩虹屁"式的赞美，能够迅速引起客户的注意并且让他们感到愉悦。这种热情洋溢的赞美会让客户在一开始就对我们产生好感，为后续洽谈营造一个轻松愉快的氛围。

1. 你真好看，我不是在夸你，我只是在提醒你。

2. 以这样的脸蛋生活是什么感受，真想体验一下！

3. 美成这样也没人管管吗？

4. 大概是上帝创造你的时候糖罐洒在你的身上了。

5. 您美得像朵花，我忍不住想弹起心爱的土琵琶。

6. 我可以和你拍张照片吗？我想向朋友证明这个世界上真的有天使。

7. 你再不回去，迪士尼就没有公主了。

8. 见到你之后，我就知道我该换手机壁纸了。

9. 姐妹撩的哪是头发，是我的心啊！

10. 你的颜值好奇怪，一下子高，一下子更高。

11. 别人都是把我哄笑了，只有你竟然把我美哭了。

↓ 夸才华

客户的才华是他们的闪光点，通过"彩虹屁"式的赞美，能够将这些闪光点放大。在商业合作或者服务场景中，这就像是给客户打上一束聚光灯，充分表现出他们的才华。

12. 您的才思敏捷，应该申请吉尼斯世界纪录。

13. 同一时间，我还在确认方案，您的产品已经落地了。

14. 我无法理解怎么会有您这么有才的人。

15. 古希腊的哲学家都要对您顶礼膜拜。

16. 不要总是做得这么出色，给别人留条活路吧。

17. 您写的文章简直就是史诗级别的。

18. 今天也是对又美又有才的设计师心动的一天。

19. 我要是有这技术水平，我直接到达了人生巅峰。

20. 即使隔着屏幕，我也被您卓越的才华狠狠击倒。

21. 我常常在想，您的大脑是不是一座藏有无尽宝藏的智慧宝库？

22. 您的存在，就是对"优秀"这个词最生动、最完美的诠释。

↓ 夸品位

　　留意并赞美客户的品位，意味着我们在用心观察客户。客户的品位是其个性与审美素养的外在体现。"彩虹屁"式赞美客户的品位时，会放大客户的形象定位，就像是在为他们独特的审美眼光颁发勋章。

23. 不服山不服水，就服您的好品位，总能找到最好的美味。

24. 您好像极品的西湖龙井，那种淡淡的苦涩是您的成熟，越品就越有味道。

25. 看到您我才知道，或许成熟女人的魅力正是如此吧。

26. 您真的很有格调，与您的对话对我来说是一种享受。

27. 您对生活的理解及享受的态度显而易见。

28. 您的眼光独特且精准，总是能看到别人注意不到的品质。

29. 从您挑选产品的方式来看，高端、大气、有品位应该说的就是您了。

30. 您的品位非凡，每个选择都透露出您的高雅。

31. 眼光犀利如针，选择精准似神。

32. 您的打扮像天上的仙子，不像凡尘的俗人。

33. 我看您高端优雅有品质，一看福气财运至。

↓ 夸生活态度

生活态度往往是一个人内心深处价值观的外在表现。赞美生活态度的"彩虹屁"自然能够触及客户的内心世界，让他们感觉到我们不仅是在表面上迎合，而是真正理解和欣赏他们的内在。

34. 和您一起聊天总觉得人生慢慢行，处处是风景。

35. 在您的生活里，雨后彩虹、山间野花，都是很浪漫的。

36. 您让我相信，当您非常想要做一件事情的时候，没有什么可以阻挡。

37. 感谢您让我在迷茫的时候，还能记得最初的梦想。

38. 我永远记得在我当初身处黑暗的时候，您成为照亮我的人生路上的一盏明灯。

39. 翻开您这些尘封的相册，记忆的花朵仿佛在心间绽放。

40. 您的这些老物件，串联着青春的故事，永远不会褪色。

41. 您的洒脱让我羡慕，无论什么状态，取悦自己才是最重要的事。

42. 您从不特意合群，只吸引有趣的人，永远这么独特。

换个角度夸，说出的话更加分

试试这样夸

没有像您这样专注的听众，我的口才也无处发挥。

您善于发现美，所以才能把自己打扮得这么漂亮。

要是没有像您这样专注的听众，我的口才也无处发挥。

您的演讲太精彩了。

蓉蓉，我这妆容怎么样？

您善于发现美，所以才能把自己打扮得这么漂亮。

在您面前是小才见大才，您不仅有才还低调。

我能做得好，也是靠您对工作节奏的把控啊。

在您面前是小才见大才，您不仅有才还低调，我该向您学习。

你设计的建筑很好！

你工作效率真高。

我能做得好，也是靠您对工作节奏的把控啊。

夸客户这样说

↓ 日常用语替换

在日常交流中，换个角度夸赞客户是为了把焦点从可能出现的问题或者自己的不足上转移到客户的积极贡献上。当出现一些小状况时，这种夸赞方式能够迅速缓解客户的负面情绪。

1. 面对问候，不要说"还行"，要换成"托你的福，最近还不错"。

2. 迟到的时候，不要说"对不起我迟到了"，而是要说"谢谢你的等候"。

3. 如果你做错事，不要说"不好意思"，而要说"谢谢你的理解"。

4. 如果想问别人"听懂了吗"，可以换成"谢谢您认真聆听，我讲明白了吗"。

5. 面对自己不知道的事情，可以把"我不知道"换成"感谢您让我了解新的领域"。

6. 把"都可以"换成"你有主见，听你的"。

7. 把"我怎么知道"换成"我去了解一下"。

8. 把"我没看过"换成"你介绍的内容听起来不错"。

9. 把"我不会喝酒"换成"我比较擅长倒酒"。

10. 把"你说得不对"换成"你说得很好，但是……"。

↓ 巧妙回应夸赞

当客户夸奖我们的时候，他们希望自己的赞美能被接受并且得到积极的回应。在一场愉快的对话中，我们不仅仅是接受赞美，还能回馈对方以赞美，让对方也沉浸在被肯定的快乐中，可以强化他们对自己的良好认知。

11. 面对夸奖，不要说"哪里哪里"，要换成"你更厉害，连说话都让人喜欢"。

12. 当别人说"你酒量真好"，可以反夸"主要是跟你喝心情好，酒量当然不一样"。

13. 当别人说"你气质真好"，可以反夸"还是你眼光好，这点儿气质与你的眼光相比不值一提"。

14. 当别人说"你身材真好"，可以反夸"你身材好就算了，颜值还那么高"。

15. 当别人说"你长得真好看"，可以反夸"你更厉害，不仅长得好看，说话都这么让人喜欢"。

16. 当别人说"你的穿搭很时尚"，可以反夸"都是跟你学的一点皮毛而已"。

17. 当别人说"你工作能力真强"，可以反夸"都是因为团队里有你这样靠谱的伙伴"。

18. 当别人说"你画画很有天赋"，可以反夸"你才是真正的艺术大师，每次和你聊艺术都让我受益匪浅。"

19. 当别人说"你性格真好"，可以反夸"可能是被你积极向上的能量感染的吧"。

20. 当别人说"你很善良"，可以反夸"因为你也是个热心肠啊，榜样的力量无穷大"。

21. 当别人夸"你在比赛中表现太出色了"，可以反夸"是你平时给我的那些建议特别有用，你就是我背后的智囊"。

↓ 夸赞人物特点

当我们使用常见的赞美之词，如直接夸赞颜值高的人"好看"，这些词汇可能因为过度使用而显得比较空洞和缺乏诚意，别出心裁的夸赞角度可以表明我们不是在敷衍地使用那些千篇一律的赞美之语。

22. 遇到颜值高的，不要夸她好看，要夸"有气质和内涵"。

23. 遇到小职员，不要夸他勤奋，要夸"有上进心、有思想和格局"。

24. 遇到地位高的，不要夸他有钱，要夸"不仅是成功人士，更有孝心和爱心"。

25. 遇到思虑周全的人，不要夸他会打算，要夸他"眼界高远"。

26. 遇到年龄大的，不要夸他成熟，要夸"看着比实际年龄小"。

27. 遇到年龄小的人，不要夸他青涩可爱，要夸他"人小心眼灵"。

28. 遇到不得志的人，不要安慰他将来会好，要夸他"眼光独到，志向远大"。

29. 遇到知识渊博的人，不要夸他聪明、有才学，要夸他"注重实际，经世济用"。

30. 遇到健谈的人，不要说他口齿伶俐，要夸他"言谈有修养"。

31. 遇到会化解危难的人，不要只表达感谢，要夸他"危急关头也很机智"。

32. 遇到送你礼物的人，不要只表达谢意，要夸他"体贴关怀"。

↓ 表达钦佩感激

别出心裁地对客户表达钦佩或感激，能够更精准地挖掘客户行为背后深层次的品质，向客户展示我们用心观察和思考了他们的行为。这种夸赞可以让客户意识到我们看到了他们行为中更复杂、更有价值的一面。

33. 客户紧盯项目进度时，不要只说负责，要夸"时间管理大师"。

34. 看到客户抉择迅速时，不要只说果断，要夸"决策力强，有手腕"。

35. 客户为团队成员争取福利时，不要只说贴心，要夸"善于捕捉幸福"。

36. 客户巧妙谈判时，不要只说善谈，要夸"能创造对自己有利的局面"。

37. 客户对行业新闻时刻关注，不要只说勤奋，要夸"对信息把控超级强"。

38. 客户应对投诉时冷静处理，不要只说沉稳，要夸"擅长消解矛盾"。

39. 客户规划宏伟蓝图时，不要只说客户有远见，要夸"梦想伟大"。

40. 看到客户在资源分配上精打细算，不要只说节约，要夸"擅长把控资源"。

41. 客户激励团队时，不要只说热情，要夸"推动团队冲向高峰"。

42. 客户在深入市场调研时，不要只说认真，要夸"精于细节"。

43. 客户在团队建设中凝聚人心，不要只说客户擅长凝聚团队，要夸"领导力强"。

赞美回旋夸，夸出荡气回肠

试试这样夸

您无疑是知识江湖中的"扫地僧"！

就像拿着魔法棒，轻轻点一下就暖到我了。

您无疑是知识江湖中的"扫地僧"，我们只有膜拜的份儿啊！

担当不起啊。

放宽心，然然。

我出了岔子您还安慰我，就像拿着魔法棒，轻轻点一下就暖到我了。

我们心里给您点一万个赞。

我觉得比我开加速器都快！

恭喜您的设计又获奖了，我们心里给您点一万个赞。

谢谢您的认可。

每次您做决策都速战速决，我觉得比我开加速器都快！

做这种工作，就是要快速做决定。

夸客户这样说

↓ 购物与消费

　　指出具体的购物事实会让客户觉得你在关注他购物和消费的具体行为。通过事实、品质和感受的结合，能够避免夸赞显得空洞和虚伪。这种夸赞方式能够让客户更容易接受赞美，使客户对自己的购物行为产生更强的认同感。

> 　　1. 您每次来都挑好多东西，特豪爽，跟您做生意太痛快啦！
>
> 　　2. 您买东西从不纠结，一看您就是个干脆豪爽、行动果断的人，真让我打心眼里佩服。
>
> 　　3. 您下单前把商品研究得透透的，这么精打细算的人可不多了，我可太欣赏您这股劲儿了。
>
> 　　4. 您逛街专挑精品，眼光超好，能为您服务我特荣幸。
>
> 　　5. 您挑礼物挑得如此用心，整个人都显得那么温柔，我都被感动到了。
>
> 　　6. 您买衣服把时尚元素搭配得很有美感，品位一级棒。
>
> 　　7. 您购物时总想着给家人带东西，特别顾家，我对您只有满满的敬意。
>
> 　　8. 您买家居用品既注重实用性还注重品质，跟您交流我收获可大了。

↓ 专业与能力

　　在夸赞客户的专业和能力时，首先陈述事实能让夸赞有根据；强调品质会让客户清晰地看到自己的专业行为和专业品质之间的关联；最后真实的感受会让客户觉得你是在由衷地赞美，而不是敷衍。

9. 您项目方案做得十分详细，这和您严谨的工作态度是分不开的，跟您合作我心里特踏实。

10. 您谈判时据理力争，超有魄力，我特佩服您的口才与胆识。

11. 您处理数据又快又准，能和您共事太幸运啦。

12. 您设计的作品很有创意，能感受到您的灵感和创造力，我对您的才华十分敬佩。

13. 您演讲时激情澎湃，感染力强，我在台下听得热血沸腾。

14. 您编程代码敲得超溜，特厉害，我感觉您就是技术大神。

15. 您写文章一气呵成，才思泉涌，无与伦比，读起来让人如沐春风。

16. 您教学时深入浅出，特别有耐心，学生们有您真幸福。

17. 您主持活动时有条不紊，沉稳的性格特别迷人，我在台下看得心服口服。

↓ 服务与沟通

回旋式的夸赞作用是很突出的，除了能使夸赞更加真实、立体，更容易被客户接受以外，也能引导客户回忆积极体验，帮助客户提升积极的自我认知，并在情感上对服务过程产生更强的认同感，提高客户的满意度。

18. 您跟我们沟通时总是和颜悦色，友善又有耐心，感觉太愉快啦！

19. 您反馈问题条理清晰，一看您就是个理性的人，让我们能高效解决问题，真心感谢您。

20. 您对我们的失误毫不计较、宽容大度，我心里满是感激。

21. 您耐心听我介绍业务，涵养特别好，我愿意为您服务到底。

22. 您提出的建议很有建设性，让我感觉您十分专业且很有智慧，我们会努力改进，继续提升服务。

23. 您参与活动始终积极配合，不急不躁，这么乐观热情，我们都因为您更有活力了。

24. 您分享服务体验时，言谈之间充满真诚，其他客户都因此受益匪浅。

25. 您面对服务内容变更能表达理解，特别通情达理，我们会给您更好的补偿。

26. 每次和工作人员交流，您都客气有礼，谦逊的态度让我们十分佩服。

↓ 社交与管理

夸赞客户的社交事实会使大家聚焦合作优势，让你和客户都能清楚地看到他们在合作中的价值。夸赞使客户更愿意在合作中发挥自己的社交优势，客户会因为你的赞美而更愿意投入合作中，提升合作的质量和持续性。

27. 您那么忙还抽空参加活动，热心肠又重情义，真的让人很感动。

28. 您给我们的方案创意十足，还亲自过来讲解，跟您共事太有收获了。

29. 团队遇到困难时是您一直在鼓励大家，您乐观向上的态度，像太阳一样温暖着大家。

30. 您对待朋友真诚友善，有啥说啥，和您相处我觉得特自在。

31. 您毫无保留地分享经验，一点儿也不藏着掖着，能认识您是我的幸运。

32. 您与人交流幽默风趣，亲和力满满，聚会有您在就不会冷场。

33. 这次会议您准备得十分充分，不愧为组织高手，有您帮忙我就放心了。

根据需求夸，赞美的话说到心坎里

试试这样夸

您眼光确实好，这款车的性价比是店里最高的。

您这样的成功人士，最需要这种能帮您解决后顾之忧的办公助手。

因为你甜得不行，才有这么好的男朋友总想送你礼物。

今天去哪儿吃您说了算，我听您的。因为您从来不会让人失望。

夸客户这样说

↓ 情感需求

　　客户在与服务人员或业务乙方互动过程中，除了关注产品和服务本身，也非常在意情感体验。每个人都有被理解、被尊重和被欣赏的情感需求。根据客户的情感需求进行夸赞，可以更好地与客户建立情感连接。

> 1. 你情绪超稳定，遇到麻烦都不慌，跟你一起做事太安心了。
>
> 2. 我发现您从来都是乐观开朗，愁事到您这儿都不算啥。
>
> 3. 您的共情能力好，对别人遇到的事您都能感同身受。
>
> 4. 难怪您朋友多，朋友有难您第一个冲，有您这样的挚友太幸运了。
>
> 5. 您总是能理解他人，观点不同也能包容，和您交流太愉快了。
>
> 6. 您的心态不是一般的平和，面对得失很淡然，这种境界很值得我学习。
>
> 7. 我能感受到您内心的细腻丰富，您的内心世界真精彩。
>
> 8. 你特别善解人意，别人一个眼神你就懂，心思真细腻。
>
> 9. 你真有耐心，别人反复询问你都不烦，脾气咋这么好。
>
> 10. 我没见过比您更重情义的人了，无论老朋友还是新朋友都挂在心上。

↓ 尊重需求

　　尊重是每个人的基本心理需求。在商业活动中，客户处于重要地位，通过夸赞维系他们的尊严能够让客户感受到自己在交易中的主体地位。要纠正那种客户只是消费者的片面观念，将客户视为值得尊重和欣赏的合作伙伴。

11. 您的见解太独到了，不愧是行业精英。

12. 孩子的问题您都一个个解答，这么有耐心，难怪孩子跟您那么亲呢！

13. 您这身穿搭太时尚了，走在街上回头率超高，绝对能引领潮流。

14. 您的家一进来就感觉温馨舒适，布置得真棒。

15. 您一亮嗓就惊艳全场，简直是 KTV 里的"麦霸之星"。

16. 邻里有困难您都帮忙，您的热心肠在邻里间都是出了名的。

17. 您的书法作品太赞了，笔锋刚劲有力，我们在您面前都深感惭愧啊！

18. 您把旅行计划安排得井井有条，这次出游能这么开心都是因为您规划得好呢！

19. 您的口才太棒了，演讲时字字珠玑，听众们都受益匪浅！

20. 每次做义工您必然到场，我们都要学习您的爱心和奉献精神。

21. 您不愧是大家眼中的"码神"，就没有您查不出来的 bug！

↓ 自我实现的需求

自我实现是人类需求的最高层次。客户在消费或商业行为中，很多时候也希望通过产品、服务或者互动来满足自我实现的需求。肯定客户自我实现的需求会让客户感觉我们看到了他背后的努力，增强他们对我们的心理认同感。

22. 健身这么辛苦您也能一直坚持下来，您的身材管理目标马上就能实现了。

23. 您自学编程还能做出实用的软件，这成果真的太优秀了。

24. 您打造的花园美如画，园艺师证看来是手到擒来了！

25. 演讲台上的您自信满满，进入梦想中的电视台工作指日可待。

26. 您的书法作品刚劲有力，距离书法家更近一步了！

27. 您靠炒股积累财富，是远近闻名的"股神"，我们都很羡慕。

28. 您的小说情节跌宕起伏，如今爆火也是您的文学才华绽放的结果！

29. 您如今创业成功，公司发展蒸蒸日上，马上就能成为大企业家了！

30. 您研究的学术成果在业内引起了轰动，明年就能评上教授了吧！

31. 上次在行业变革研讨会上，张总提出的创新理念太有前瞻性了。

32. 之前是靠您卓越的战略规划和高效的执行力，才让我们崭露头角的。

33. 王总资助贫困大学生的善举，改变了很多人的命运！

34. 公司转型是赵总力排众议主导的，这才成功打造出商业奇迹。

真诚的赞美就是最高的情商

试试这样夸

您有魔法棒，总能画出又美又别致的妆容。

> 我都怀疑您有魔法棒，总能画出又美又别致的妆容。

> 我花了两个小时呢。

您在这次项目中，简直就像超级英雄！

> 谢谢您！您在这次项目中，简直就像是超级英雄！

> 感谢你们的礼物。

您从来不会冲动消费，真的是人间清醒。

> 这款相机性价比最高，就要它吧。

> 您从来不会冲动消费，真的是人间清醒。

我就喜欢和您合作，和您合作就等于吃了"定心丸"。

> 康总，我就喜欢和您合作，和您合作就等于吃了"定心丸"。

> 这是大家一起努力的成果呀！

夸客户这样说

↓ 真诚夸成长

客户在成长和努力的过程中付出了时间、精力等诸多成本。以真诚的态度夸赞他们的成长与努力，是对客户这些付出的认可，能让客户知道我们理解他们在成长路上的不易。这种共鸣能够拉近与客户的距离，使双方的关系更加紧密。

1. 您的项目从策划到执行，每个细节都精心打磨，我对您的飞速进步感到由衷佩服。

2. 您一直坚持学习新技能，业务水平远超从前，努力都在成果里。

3. 看您健身这几个月，身体力量和耐力都上了一个新台阶，付出这么多汗水真值得点赞。

4. 您为了教育好孩子，不断钻研新的教学方法，最近孩子成绩提升显著，都靠您用心良苦啊！

5. 创业路上遇到那么多坎儿，您也从不放弃，这才有了今天的好局面。

6. 您自学外语，从磕磕绊绊到流利对话，这巨大的毅力和成长速度让人佩服不已！

7. 您不断拓展客户资源，从"小白"到"大佬"，业绩逐月攀升。

8. 自从我们合作以来，销售额从零到两百万，真是一路成长，一路辉煌。

↓ 真诚夸专业

客户的专业与能力是他们的重要资产。真诚夸赞客户的专业与能力能够让我们与客户在更高层次上建立联系。这种夸赞如果基于客户的现实表现，夸出来就很有感染力。

> 9. 您这次设计的广告创意独特新颖，一下能抓住受众眼球。
>
> 10. 面对刁钻的客户，您三言两语就能化解矛盾，沟通能力真是强。
>
> 11. 这款蓄电池的功能我稍微一介绍您就明白了，能看出来您对新能源汽车有深入的研究和了解。
>
> 12. 这套建筑蓝图经您规划以后更完美了，能看出您的专业功底。
>
> 13. 您演讲时条理清晰、激情澎湃，台下听众全都被您吸引了呢。
>
> 14. 您对法律条文了如指掌，打官司时据理力争，真是法律界的楷模。
>
> 15. 您做市场调研时细致入微，分析精准到位，真不愧是行业天才。

↓ 真诚夸社交

一个善于社交和沟通的客户往往有着独特的人格魅力和思维方式。但是社交有时会流于表面，夸赞客户的社交与沟通能力要态度诚恳，这也是考验你是否在社交层面与客户建立了稳定联系的关键。

> 16. 聚会中您说话和私下聊天时一样，真是表里如一的人，我们都愿意跟您这样坦诚的人交流。
>
> 17. 面对新的物流合作圈子，您迅速融入，大家都很喜欢您。
>
> 18. 与合作伙伴意见不合时，您总是先自我反思，很让人感动。
>
> 19. 您在交流会上侃侃而谈，且有着很强的亲和力。
>
> 20. 刚才摔了盘子太尴尬了，您能够巧妙化解，帮我挽回了面子，真是太感谢您了！

21. 您在各行各业都有挚友，社交资源真是丰富啊。

22. 这次商会您不仅热情组织，还会为他人牵线搭桥，大家纷纷赞扬。

23. 当我们向您倾诉工作中的烦恼时，您不仅耐心倾听，还会帮我们寻找解决方法，您是我们的解语花。

24. 这次大型交易会，感谢您帮我介绍了这么多供应商，我再也不用担心业务繁忙时断货了。

↓ 真诚感谢支持

在商业关系中，客户的支持是难能可贵的，客户的长期支持也是企业或服务得以持续发展的关键因素。真诚夸赞客户对自己的支持，不仅能让客户感到自己的付出得到了认可，更能够强化与客户之间的情感纽带。

25. 您一直用我们的产品，还推荐给亲友，这份信任让我们深感荣幸！

26. 每次新品上市您都率先尝试，您的支持是我们进步的最大动力。

27. 活动中您积极为我们品牌站台，热情满满，您的助力效果超棒！

28. 这么多小问题您都耐心反馈，为我们改进新型号提供了极大的帮助！

29. 您作为大咖在自己的社交平台上"晒"产品好评，为我们吸引了很多新客，这宣传力度比我们请多少代言人都强！

30. 您连续多年选择我们的原材料，我们也一定会回馈您的支持。

31. 您参与品牌调研的时候超认真，并提出宝贵建议，给我们优化产品帮了很大的忙呢！

32. 您在行业会议上为我们品牌发声，这份厚爱我们一定铭记于心！

33. 您的专利免费让我们使用，为我们节省了许多成本，万分感谢！

不要把夸赞说成"讥讽"

你是独一无二的语文"小精灵"嘛。

坚持到底的你最帅了！

我很喜欢您今天的穿搭，简单清新却很吸引人。

您也该享受每一天的美好与轻松了啊。

夸客户这样说

↓ 外貌形象

在夸赞客户的外貌时，如果阴阳怪气，带有嘲笑的口吻，或是用词不当、夸赞场景不当，就很容易让夸赞变成讽刺。要以真诚、友善、平和的语气进行夸赞，并选用积极、正面且合适的词汇。

1. 正例：您的气质太优雅了，举手投足间尽显大方，看着特舒服。

   反例：您简直就是仙女下凡，这颜值，全球都找不出第二个。

2. 正例：您的五官长得特精致，搭配也恰到好处，越看越耐看。

   反例：哟，您这脸蛋，谁能比得上您呢。

3. 正例：您的皮肤真好，光滑细腻，感觉没有岁月的痕迹呢。

   反例：您这一身行头真不错，这是我们普通人能驾驭的吗？

4. 正例：您的发型很适合您，显得整个人特别精神，特有气质。

   反例：您的发型真酷炫，五颜六色的，跟孔雀似的。

↓ 品德性格

夸赞品德性格时为避免说得像讽刺，一定要基于真实观察，确保夸赞的内容是自己确实看到或了解到的客户行为所体现的品德。语气要真挚，用温和、诚恳的语气来表达夸赞，避免夸张的语调。

5. 正例：您做事特别靠谱，从不拖延，跟您合作超安心。

   反例：您的领导风范就是强，啥都不干，光指挥就特厉害。

6. 正例：您特别能理解人，有分歧也耐心听，这胸怀真让人钦佩。

反例：您这脾气简直无敌，不管对错，都没人敢反驳您呀。

7. 正例：您履行合同条款时一丝不苟，和您合作心里特踏实。

反例：您这派头一摆，合同咋样都能签，我们唯您马首是瞻。

8. 正例：您特别善良、热心，团队里有人遇到困难，您总是第一个帮忙。

反例：您这好人形象立得稳，大家对您从来都是感恩戴德。

9. 正例：您很乐观开朗，项目压力大您也能带动气氛，真好。

反例：您天天嘻嘻哈哈，真是搞氛围的一把好手啊。

↓ 工作事业

夸赞客户的工作事业时，不要泛泛而谈、华而不实，要深入研究客户所在的行业和工作内容，给出精准且真诚的夸赞。同时还要关注客户工的作成果，了解客户近期完成的项目、取得的业绩等，但不要表现出妒忌甚至嫉恨等不良情绪。

10. 正例：您公司的业务拓展有远见，布局精准，同行都佩服不已。

反例：您公司这业务怎么搞都能成啊，哪像我们小打小闹。

11. 正例：您在业内的口碑极佳，专业能力强，大家都想跟您合作。

反例：您这名气大得很，随便露个脸我们谁敢说个"不"字。

12. 正例：您团队的执行力超强，项目推进高效，成果显著，令人称赞。

反例：您手底下的人都跟打了鸡血似的，也不知道累。

13. 正例：您公司的产品创新不断，技术领先，在市场上独树一帜。

反例：您这产品咋随便弄弄就高大上了，走了大运吗？

↓ 生活态度

夸赞客户的生活态度需要把握用词和时机，例如在一个休闲的聚会中，你可以采用正面、肯定的词汇夸赞客户的放松和享受生活的态度。另外也要花时间去了解客户的生活理念和价值观，真正理解和欣赏客户的生活方式。

14. 正例：您生活超自律，坚持锻炼、读书，这毅力真让人佩服。

反例：您天天健身、读书，看着真挺像那么回事啊。

15. 正例：您心态特好，遇到烦心事都能笑着面对，太乐观了。

反例：您这心真大啊，天塌下来都不愁。

16. 正例：您热爱生活，四处旅行探索，眼界开阔又有情怀。

反例：您到处玩，真会享受，我们只有羡慕的份儿。

17. 正例：您生活有品位，衣着和家居布置都很精致，尽显高雅格调。

反例：您家里弄得真花哨啊，一看就是讲究人。

18. 正例：您善于交友，真诚待人，身边朋友都对您赞不绝口。

反例：您的朋友满天下，真会拉拢啊。

↓ 兴趣习惯

在夸赞客户的兴趣习惯之前，一定要对其有深入的了解，并夸赞其中细节，强调客户的兴趣习惯所带来的积极价值。不要泛泛而谈或者基于错误的认知去夸赞，不然很容易让客户觉得你在敷衍或者根本不懂他们，甚至会产生被讽刺的感觉。

19. 正例：您对阅读的热爱令人钦佩，每次和您交谈我都受益匪浅。

反例：看起来您很喜欢看书啊，说话都文绉绉的。

20. 正例：您能坚持运动一年，这种毅力真的太了不起了。

　　反例：还是富贵人有闲情，我们就不能像您这样天天运动啊。

21. 正例：您的摄影天赋真让人赞叹，为镜头下的风景赋予了灵魂。

　　反例：每天都看您拿着相机到处拍，您在哪里学的摄影啊？

22. 正例：您对小动物的关爱无微不至，能感受到您对生活充满爱心。

　　反例：您喜欢小动物，就是不知道每天围着宠物转累不累啊？

23. 正例：您对音乐的理解和感悟太深刻了，和您交流真是一种享受。

　　反例：您的音乐品位真是高雅，只可惜像我这样的俗人理解不了啊。

作为业务人员，在某些场合对客户进行意想不到的夸奖是一种巧妙的沟通策略，它可以帮助我们实现特定的沟通目的。例如，当出现异议或矛盾时，夸奖可以作为一种说服工具，使客户在听到不同意见时更容易接受，使对话更加和谐。

Part 6

那些意想不到的夸奖，更有妙用

夸奖也有"万能公式"，总有一种适合你

试试这样夸

您的观点的深度在目前学术界内是罕见的。

您记得大家喜欢的食物，这份细心让大家都感觉到被关怀。

您还能够考虑到大家的口味偏好，太赞了。

您穿得这么漂亮，花朵看到您都要害羞。

夸客户这样说

↓ 职场抓住对比夸

在职场夸赞客户时，只说感受可能会显得比较空洞，而单纯陈述事实又可能缺乏情感色彩，抓住业务对比夸可以突出客户的优点。这样的夸赞将主观感受与客观事实相结合，使夸赞更加真实、有分量。

1. 您这项目规划细致入微，令人赞叹，比我看过的方案都强太多啦！

2. 您这头脑我确实佩服，做决定从来都是稳准狠，还能把任务安排得妥当，不像有些客户拖拖拉拉。

3. 打心底里服您！投资眼光极准，比那些跟风的人不知高明多少。

4. 您带的团队干劲十足，我们都特别美慕，不像有的团队死气沉沉。

5. 我太喜欢您给产品提的意见了，一针见血，别人可没您这么专业。

6. 我很佩服您的谈判能力，不像有些人死脑筋，变通能力很差。

7. 我很佩服您在竞争中妙招频出，那些对手只能干着急，毫无招架之力。

8. 我可欣赏您的创意了，那些普通的设计方案根本没法跟您的比。

9. 我特别佩服您把员工管理得像一家人一样，不像有的企业人心涣散。

↓ 生活抓住综合夸

生活中的夸赞需要更加贴近实际生活体验。"感受＋事实＋比较"的公式能够很好地满足这种需求。我们在生活中会观察到客户具体且多样的行为，并产生相应的情绪反应，通过综合夸赞可以突出客户的优点。

10. 您的笑容极具感染力，为大家带来的幸福快乐超过喜剧电影。

11. 您的穿着总是那么得体，比起那些时尚博主，您更有自己的风格。

12. 您做的家常菜真是一绝，上次尝过您做的菜，比餐馆的还要好吃。

13. 您的家总是整洁温馨，每次去您家都好像回到了自己家一样。

14. 您的生活态度真积极，乐观面对每一天，正能量特别充足。

15. 您挑选礼物的眼光真是独到，每次收到您的礼物，我都能感受到您的心意，比那些贵重的礼物更让人珍惜。

16. 您的烹饪技巧了得，简单的食材都能变成美味佳肴，不输星级大厨。

17. 您讲故事真是一绝，职场趣事经您这么一说跟看电视剧一样。

18. 您的阅读习惯很值得我们学习，强烈的求知欲超过了大多数人。

19. 您的音乐品位很高，分享的歌单比音乐榜单还要好听。

↓ 社交抓住结果夸

社交场合信息繁杂，人们需要更精准地理解彼此的意图，抓住结果夸可以帮助我们清晰地传达客户在社交上的影响力。这样的夸赞让客户觉得我们的赞美是经过思考和观察的，而不是敷衍的客套。

20. 您总能营造轻松愉快的气氛，用幽默化解尴尬，社交技巧无人能及。

21. 您一说话就让人感到温暖，而且耐心聆听他人讲话，比起那些只是自说自话的人好太多了。

22. 您的笑容很有感染力，您看，大家都围过来听您讲了。

23. 哇，您还亲自去帮我们拿水了，您总能照顾到每个人，太感谢了！

24. 您的知识面真广，跟您聊天真长见识。

25. 我很羡慕您的风度翩翩，您看，大家都把目光集中到您身上了。

26. 您能记住每个人的名字和喜好，这种关注细节的能力太强了。

27. 您不仅乐于鼓励他人，还能很巧妙地提供一些建议。

28. 您的幽默感真是恰到好处，总能在气氛沉闷时让大家笑出声，这种技巧真是难得。

↓ 网络上抓住态度夸

　　网络世界是比较虚拟的，信息海量且容易被忽视，文字表述的局限性也更容易让人产生误解。抓住回复的态度、解决问题的态度等夸赞客户，能让夸赞更真实可信，也能让夸赞在众多信息中更容易被客户注意到。

29. 和您合作真舒心，您总是及时回复，比很多客户都迅速，效率极高！

30. 您的建议总是那么到位，让我眼前一亮，专业度真是没话说，比行业里的佼佼者还要强！

31. 和您的交流我感觉特别顺畅，三言两语就说明白了。

32. 您提的这个问题很精准，您的洞察力比专家还要敏锐。

33. 您总是及时反馈，我很感动，您的响应速度比闪电还快。

34. 您的这个想法让我眼前一亮，我思考一下。

35. 您的耐心真让我感动，认真陪着我沟通了一个小时！

36. 哇，您发我的文件整理得真好，一目了然，真细心。

37. 您的邮件我收到了，里面提到的意见很全面。

38. 太棒了，您还做了近半年的销售数据图，省去了我许多工作，感谢！

把客户的挑错变成夸奖

试试这样夸

您对细节的要求给我们上了免费的一课。

> 我们会改进的，您对细节的要求给我们上了免费的一课。

> 这份设计图美感不够。

您给了我们一个发现提升空间的机会。

> 物流服务多照顾一下老年客户。

> 您的意见很宝贵，您给了我们一个发现提升空间的机会。

您给的建议就像想睡觉的时候来了枕头。

> 这是我的改进方案。

> 您给的建议就像想睡觉的时候来了枕头，太棒了！

您一针见血地说到了点子上，实在不一般。

> 加一些柠檬汁就能去除蛋腥味。

> 去腥味，您一针见血地说到了点子上，实在不一般。

夸客户这样说

↓ 服务相关

当客户在服务相关问题上挑刺时，可以先仔细倾听并及时道歉，之后提出解决方案，再对客户的指正予以肯定、夸赞。这样做能够迅速化解客户的不满情绪，也能推动服务不断优化和完善，从长远来看有助于提升整体服务质量和竞争力。

1. 正是因为您这样注重效率，才会促使我们不断反思和提高服务速度。

2. 不好意思，员工未能解决您的疑问，我们会更加注重员工的培训，真的很感谢您指出我们的不足。

3. 您的反馈我们收到了，随后我们会为您上门服务，请您耐心等待。

4. 您很重视服务的连贯性呢，我们确实在跟进环节应该做得更好。

5. 一个舒适的环境确实很重要，我们会改善一下店里的装修。

6. 您的思维很灵活呢，能想到我们服务中没有考虑到的特殊情况。

7. 您看到了我们都没有注意到的漏洞，正好能帮助我们提升服务水平。

8. 感谢您的宝贵建议，我们会进一步加强对上菜速度的管理。

↓ 产品相关

当客户在产品相关问题上挑刺时，我们需要先给出对应的回应，接着肯定客户的反馈和意见。客户在听到自己被夸赞后，心理上会得到一定的满足，不再执着于对产品的指责，情绪逐渐平复，为解决问题打下良好基础。

9. 您注意到了这款瓷娃娃彩釉上的瑕疵，真是注重细节的完美主义者，如果影响了您的使用，我给您免费替换一个新的。

10. 包装破损了真的很抱歉，多谢您耐心反馈给我们，如果产品有损坏，我们会免费发新的给您。

11. 您对产品的功能需求很明确，不过我们的产品确实没有这项功能。

12. 驿站遭受大雨，您的快递被淋到了，请您仔细检查一下里面的产品。

13. 这批书的印刷，个别地方出现了一点儿瑕疵，您很细心地发现了，我们会为您安排换货。

14. 您的反馈我们看到了，确实发了错误尺码的衣服，发货时疏忽了，请您邮寄回来吧，我们安排重新发货。

15. 您注意到刀具使用的安全问题，真的很棒，我们会做进一步设计改进。

16. 非常抱歉缺失了装箱的安装工具，我们可以给您退款补偿。

17. 您很关注产品的发展趋势呢，我们会进一步改进这款耳机的外观设计，感谢您指出我们的产品的不足。

↓ 沟通相关

当客户在沟通信息相关问题上挑刺时，比如客户抱怨收到的通知不够清晰明了，我们可以耐心倾听、承诺改正，并给出对应的清晰正确的信息。这样有助于提高整体沟通效率和质量，为未来与客户建立更和谐的沟通关系奠定良好基础。

18. 您的问题总能一针见血，一下子就找到了我们说话的重点。

19. 您对细节信息的把控让我们很受启发，接下来的业务流程我们也会细化管理，保证信息沟通及时。

20. 您要求记录服务流程的反馈很有必要，我们后续会注重流程反馈跟进。

21. 刚才的客服是新来的，业务不太熟，很抱歉，现在由我为您服务。

22. 感谢您耐心聆听我们的解释，给您造成困惑我们十分抱歉。

23. 在项目进度及时更新这方面多亏您的批评，我们才能做得更好。

24. 我们的沟通渠道确实不够畅通，给您造成了一些困扰，我们会进一步改进，减少不必要的沟通环节。

25. 信息准确是一件很重要的事情，后续我们一定会注意的。

26. 就像您所说的，团队沟通确实不太统一，影响了协作效率。

27. 我们没有注意到与您沟通的实时性，我们马上改进。

28. 您的批评给了我们很大的启发，我们一定会积极改进沟通方式，争取做得更好。

当客户宽容时如何夸奖

试试这样夸

我说怎么感到突然有一股暖流，原来是宽容的您来了！

> 我说怎么感到突然有一股暖流，原来是宽容的您来了！
>
> 别客气啦，上次你也是不小心才摔了首饰。

感谢您的等待，我马上就修好了。

> 半个小时了，感谢您久等，我马上就修好了。
>
> 没事，您慢慢来。

您这设计方案飞起来了，一定是迫不及待地想让我们看到了。

> 啊！没接好！
>
> 您这设计方案飞起来了，一定迫不及待地想让我们看到了。

您能理解临时涨价，不愧是体贴的好伙伴。

> 李总，您能理解临时涨价，不愧是体贴的好伙伴。
>
> 毕竟你们成本也增加了嘛。

夸客户这样说

↓ 服务环节

在服务环节犯错而被客户宽容相待后赞美客户是非常必要的。首先，这是对客户高尚品德的认可与回馈，让客户知道他们的善意被我们深刻领会。其次，有助于巩固关系，有利于营造良好的服务氛围。

1. 您发现了我的失误却没发火，这平和的心态太赞了，好多人都做不到。

2. 我出了岔子，您还耐心听解释，真有涵养。

3. 客服犯错您不计较，还安慰他别慌，您的宽容像暖阳，暖人心房。

4. 明明是我介绍有错，您却笑着说没事儿，感谢您，我一定会努力的。

5. 服务流程出错您没急着抱怨，而是跟我们一起想办法，您太有担当啦。

6. 面对流程错误，您能体谅，还配合调整，和您合作起来超愉快。

7. 我工作失误，没能及时处理瑕疵，您选择理解，真是感谢您。

8. 服务反馈不及时，但您也愿意继续信任，感恩您珍贵的信任。

9. 活动流程有些混乱，但您一点儿不挑剔，还帮助我们化解尴尬。

10. 环境布置不太完善，您没有揪着不放，还表示理解，真有格局。

↓ 产品瑕疵

在面对产品可能存在的缺陷时，客户没有选择苛责与抱怨，而是以理解和包容的态度对待，这体现了其良好的修养与豁达的心境。赞美这样的客户能显著提升客户的满意度和忠诚度，这种积极的互动也会提升品牌的美誉度与吸引力。

11. 您没有在意这个不影响使用的瑕疵，真是贴心。

12. 收到次品时，您并没有批评我们，这么宽容实在暖心。

13. 产品试用环节出了点小问题，您却很宽容，让我们更有信心了。

14. 瑕疵产品给您带来了麻烦，您还热情招待我们，真是令人感动。

15. 会议上讨论退货方案，您率先提出谅解，这份大度感动全场。

16. 交付延迟时，您耐心等待且毫无怨言，您的宽容是最好的鼓励。

17. 线上沟通产品瑕疵时，您没有批评我们，还给了建议，太棒了。

18. 面对破损的包装，您说产品本身更重要，这份体谅真难得。

19. 测试中产品破裂，您积极参与改进，您的宽容就是对我们的支持。

20. 这款豆浆机影响您的使用，您还耐心等待退换货，真的很感动！

21. 零件没有达到设计要求，您耐心地和工程师协商，还提出了改进意见。

↓ 产品综合

　　表达赞美是对客户胸怀的一种肯定，但是即使客户已经表示宽容，他们内心可能仍然存在一些小小的不满或者遗憾。赞美可以起到一种安抚的作用，就像给客户打了一针"安慰剂"。

22. 您眼光真独到，看出我们的价格高于市场均价，不过您也看出我们用的原材料是顶级的，毕竟成本高才有保障嘛。

23. 我了解到您提出我们的品牌影响力不够，其实我们的潜力很大，相信以您的洞察力不难发觉。

24. 您的审美很好，提出界面设计过于复杂的问题，推动我们进一步优化设计。

25. 谢谢您敏锐地发现了我们的价格定位问题，帮助我们调整定价策略。

26. 感谢您指出我们的软件兼容性略差这个问题，督促我们全面提升。

27. 您对性价比有深刻理解，在价格方面我们会进一步考虑的。

28. 我们的品牌影响力确实需要进一步拓展，您对市场很有先见之明，这将激励我们大力推广。

29. 您的品位高雅，为我们提出了改进小程序功能的更好的方向，感谢您。

30. 您对设计的创新性很敏感，感谢您的建议。

31. 您指出的产品用户支持不足，很贴心地让我们明白了提升服务的重点。

↓ 其他方面

客户的宽容可能来自方方面面，比如来自内外界的意外因素也可能对客户的合作造成影响。如果客户在各种多元化的场景中也能够宽容，我们要积极回应。客户的这些宽容，往往体现出客户良好的待人习惯。

32. 您很快就接受了价格调整，如此有风度，为您服务真的太愉快了！

33. 面对发货价格的阶梯式调整，您很包容，让我心里暖乎乎的。

34. 我们响应晚了您也不计较，我们下次一定及时回复。

35. 您能体谅交货延迟，您的宽容真让人温暖，照亮了我们的合作之路。

36. 因为交通拥堵我们被堵在路上了，您耐心等了半个小时，感谢您。

37. 您很体谅我们，原谅了我们的失误，您的体谅让我们很感激。

38. 设计方案一改再改，您始终包容我们，您这涵养真不是一般高。

39. 尽管合作中出现许多意想不到的问题，您的体谅让我们很感动。

不会拒绝？用赞扬的方式试试

试试这样夸

我要急着赶回去，只能忍痛拒绝您。

辛苦了，我请你吃饭吧？

家里有急事，我要急着赶回去，只能忍痛拒绝您。

你一直元气满满，只可惜我现在没有你这样的精神头儿。

陪我一起去逛街怎么样？

你一直元气满满，只可惜我现在没有你这样的精神头儿。

希望我的拒绝不要冷却您温暖的心呢。

我特地来感谢您的周到的安排。

我们不能随便接受客人的礼物，希望我的拒绝不要冷却您温暖的心。

很遗憾地告诉您，我们达不到您的设计要求。

您可以接吗？

很遗憾地告诉您，我们达不到您的设计要求。

夸客户这样说

↓ 服务要求

当客户提出服务需求而我们无法满足时，直接拒绝很容易让客户产生负面情绪，如失望、生气等。通过夸赞客户，能够先给客户营造一种积极的氛围，就像在传达坏消息之前先送上一份"情绪甜点"。

1. 您的想法很有创意，只是目前技术受限，暂时没法达成，真遗憾。

2. 您的需求很独特，可惜公司资源有限，难以满足。

3. 您的构思很有前瞻性，但相关规范不允许，我只能忍痛割爱了。

4. 您的计划很宏大，但我的团队经验尚缺，不敢贸然尝试。

5. 您的规划特别好，只是时间太紧，我们怕仓促行事影响质量。

6. 您的设备标准极高，只苦于我们现有设备跟不上。

7. 您的方案确实新颖，可是我们成本预算有限，目前难以实施。

8. 您的提议很有吸引力，但跨行业合作太复杂，我们暂时搞不定。

9. 老板，您考虑问题真细致，只是人力不足，当下无法落实。

10. 大哥，您的目标确实远大，洞察也很敏锐，不过目前市场环境不成熟，咱们得缓缓。

↓ 人员要求

当客户提出关于人员方面的过高需求时，往往是基于自身业务的规划与期望。如果这个需求超出了我们的能力范围，通过夸赞客户，可以表明我们理解他们对项目的重视程度以及他们为达成目标所展现出的积极进取的态度。

11. 您眼光独到，只不过相关专家太稀缺，我们暂时寻不到，真对不住。

12. 您对演员形象要求很高，只是我们模特资源有限，目前难以满足。

13. 您指定的行业专家太忙，约不到，您能想到他说明您很专业。

14. 您选人才的标准有点高，只是您想找的年轻高管目前不好找。

15. 您要求的科研尖兵我们无权调配，不过您对科研领域真熟悉。

16. 网红达人档期全满，我们没办法，不过您对潮流的洞察力超敏锐。

17. 您对艺术特长的要求有一套，不过这样的人难招。

18. 您对直播界真在行，不过知名主播现在抽不开身，有点难协调。

19. 您要的明星广告，费用和档期都不合适，不过您对体育资源了解真多。

20. 您期望的海归精英不好匹配，不过您对人才层次了解得真透彻。

↓ 产品要求

客户对产品的过高需求有时可以反映出客户对行业趋势有着敏锐的洞察力和前瞻性思维。以夸赞的方式拒绝不仅有助于维护与客户的良好关系，还能通过与他们的交流为产品的改进与创新提供思路。

21. 您这想法真有远见，不过要等到以后大规模拓展时落实。

22. 您对产品功能的考虑总是那么全面，不过我们公司目前的设计能力实在有限，难以保障产品质量。

23. 您的想法很有创意，只是这种定制颜色很罕见，现有工艺染不出，真遗憾。

24. 您对产品功能的设想超棒，可现在处于技术瓶颈期，暂时没法实现。

25. 老板，您要的零件设计精巧，可惜我们的模具精度达不到。

26. 您期望的环保材料很前沿，只是目前成本太高，产品难以量产。

27. 您想要的产品外形很独特，设计难度太大，我们团队还需磨砺。

28. 您对产品的智能化要求很高，我们的研发进度缓慢，暂时满足不了，您真是紧跟科技潮流。

29. 您要求电池有超长续航且轻薄，这种平衡不好把握。

30. 您期望屏幕超高清显示还低能耗，技术上我们难以兼顾。

31. 老板，您的个性化包装设计十分精美，可是制作工艺太复杂了。

32. 您对冰箱超静音效果要求很高，不过目前技术有局限，很难实现。

33. 您对产品的追求代表了您独到的眼光，等后续有定制款推出，肯定优先考虑您的要求。

34. 您的创意新颖又超前，这次虽然用不了，但下次迭代我们一定加入。

35. 您对我们的产品的关注让我们很感动，我们已经记录下了您的宝贵意见。

↓ 其他要求

对于其他方面的要求，拒绝之前的夸赞能表达尊敬，以及缓解客户的不满情绪。夸赞时务必要真诚，要重视客户过高的需求背后所蕴含的独特视角和价值追求，之后要耐心、详细地向客户解释无法满足其需求的客观限制和困难。

36. 李总，您对活动流程的规划十分详细，思维相当缜密，可时间节点太紧凑，不好安排。

37. 老板，您期望的宣传规模宏大，只是预算有限，我们有心无力，您的宣传眼光真独到。

38. 您想要的合作模式很独特，然而行业惯例难突破，暂无法施行。

39. 您对活动特效的要求很高，可见您的艺术感知力很强，但我们的技术设备跟不上，真不好意思。

40. 您对品牌推广的渠道设想真广泛，您有很强的市场洞察力，不过目前资源整合难到位，我们难以实现。

41. 您对合作期限的设定比较灵活，但是公司政策不允许，我们很为难。

42. 您给出的活动礼品的定制风格超级精美，但成本把控难做到。

43. 老板，您要求的宣传文案的风格十分文艺，能看出您的文字功底超深，只是我们担心受众喜好难以捉摸，不敢冒险。

44. 您对合作的附加权益要求比较高，只是我们分配资源有难处。

聆听建议时，让夸奖变成感谢

试试这样夸

您好厉害，轻易就把我们的服务研究透了！

您带着"金手指"来给我们点石成金。

感谢您的神来之笔帮助我们越来越强。

您一开口我就知道您是深藏不露的高手。

夸客户这样说

↓ 针对产品

当客户提出产品建议时，他们其实是在关心产品的发展。如果我们能以夸赞的方式回应，会让客户觉得自己的意见受到了重视，有助于保持沟通的积极性，激励客户分享更多有价值的想法。

1. 您对产品包装的环保建议很有建设性，让我们的产品能更有绿色概念。

2. 您提出了功能优化的点子，下次产品升级就靠您这金点子啦！

3. 试用时您指出细节上的不足，我们也觉得需要提升，细节的强化会让产品质量到达一个新高度。

4. 您对外观的见解独到，感谢您对产品颜值的提升做出的贡献！

5. 您考虑产品兼容性的想法很中肯，让产品适用范围更广。

6. 您提出了很实在的建议，我们的产品能经得住考验全靠您把关！

7. 您对定价策略的建议很有价值，我们的竞争力有所提升也有您的功劳啊！

8. 感谢您对材料选择的严格要求，让很多客户对我们的产品品质点赞。

9. 您对产品宣传点的挖掘很敏锐，产品亮点被很多人了解了。

10. 您提出应该拓展产品使用场景，因此我们的产品用途更广了。

↓ 针对服务

客户针对服务提出建议时，夸赞表明我们尊重他们作为消费者的需求和期望。对于长期合作的客户，夸赞他们对服务的建议有助于巩固合作关系，积极回应并夸赞会让自身良好的口碑在客户群体中广泛传播。

11. 您的建议就像及时雨，让我们的服务细节更完善，规划更精准。

12. 您提出的看法很有见地，帮我们优化了服务流程，效率也提升了好多。

13. 您的点子超棒，让沟通更顺畅了，客户反馈也更积极了。

14. 我们现在的服务内容更丰富了，能满足多样需求，多亏您上次提出的实用的建议。

15. 谢谢您上次提醒我们，现在我们的服务跟进更及时了。

16. 您的提议真靠谱，我们的服务形象越来越专业了。

17. 您对用户体验的洞察力真是一流，让我们的服务更上一层楼。

18. 您对服务培训的建议，让我们的团队更加专业，能看出您专业素养很高，感谢您的分享！

19. 您的建议让我们的服务更加人性化，您真是一个贴心的人。

20. 上次您提出了服务效率的问题，我们改进后节省了不少时间，感谢您关注我们的服务。

21. 这提议可真不错，让服务的市场定位更精准，更易推广。

22. 您这个建议可好了，让我们服务的资源分配更合理，避免了浪费。

↓ 针对团队

夸赞客户对团队建设的建议可以避免客户对团队产生负面印象，还能增强客户对团队的信任，进一步激发客户参与到团队工作的优化中来。客户的建议往往能提供不同的视角，通过夸赞客户的建议并认真对待，团队也可以获取新的思路和方法。

23. 您这个想法太妙啦，一下点出了团队协作的短板，让我茅塞顿开。

24. 您的建议让我一下就发现创意不足才是我们团队存在的问题的症结。

25. 您指出的关于团队效率的问题，精准又实用，帮我们大忙了！

26. 不得不说，您对我们团队沟通上的问题看得透彻，这建议真是珍贵。

27. 您针对如何应对团队风险提出的提议真是对症下药，简直就是及时雨。

28. 真佩服您，您提出的团队任务分配的建议，一下就切中要害。

29. 您关于团队激励机制的点子超棒，让我们的团队更有活力啦！

30. 您说让我们的团队更加贴近用户，我们照做后好评不断，真的感谢您！

31. 您观察到的团队技术的短板真精准，我们都引以为戒。

32. 您提的团队时间管理的建议真实用，让我们少走了好多弯路！

青蓝